Christa Meves

Wandlung durch Widerstand

«Die Hände, die zum Beten ruh'n,
die macht Er stark zur Tat.
Und was der Beter Hände tun,
geschieht nach Seinem Rat.»
Jochen Klepper (1903-1942)

«Nur tote Fische
schwimmen mit dem Strom.»

VIA·VERITAS·VITA

Die Autorin

CHRISTA MEVES

Wandlung durch Widerstand

Die Zukunft ist immer noch offen

CHRISTIANA-VERLAG
STEIN AM RHEIN

Biographische Notizen
Christa Meves, 1925, Studium der Germanistik, Geographie und Philosophie an den Universitäten Breslau und Kiel, Staatsexamen in Hamburg, dort zusätzliches Studium der Psychologie. Fachausbildung im Psychotherapeutischen Institut in Hannover und Göttingen. Freipraktizierende Kinder- und Jugendpsychotherapeutin in Uelzen. Arztfrau und Mutter zweier Töchter, sechs Enkel. 1974 Wilhelm-Bölsche-Medaille, 1976 Prix AMADE, 1978 Niedersächsischer Verdienstorden. 1979 Konrad-Adenauer-Preis der Deutschlandstiftung. 1985 Bundesverdienstkreuz erster Klasse. 1987 Konversion zum katholischen Glauben. 1995 Preis der Stiftung für Abendländische Besinnung, Zürich.
80 Buchpublikationen, Übersetzungen in 11 Sprachen. Gesamtauflage: über 4 Millionen Exemplare in deutscher Sprache.

1. Auflage 1997: 1. - 4. Tsd.

CH-8260 STEIN AM RHEIN/SCHWEIZ

Satz und Layout: Christiana-Verlag
Druck: Bargezzi AG, Bern
Printed in Switzerland

Die Deutsche Bibliothek - CIP-Einheitsaufnahme

Meves, Christa:
Wandlung durch Widerstand :
Die Zukunft ist immer noch offen / Christa Meves.
- 1. Aufl. - Stein am Rhein : Christiana-Verl., 1997
ISBN 3-7171-1041-1

Inhaltsverzeichnis

Vorwort

Die innere Krise des christlichen Abendlandes spitzt sich zu. Die negativen Auswirkungen der Selbstüberschätzung des glaubensschwach gewordenen modernen Menschen treten als verheerende Niedergangserscheinungen ans Tageslicht. Es gilt, den Zusammenhang mit der Ausdünnung des christlichen Glaubens ins Bewusstsein zu rufen; denn nur so kann es in später Stunde möglich werden, dass die entwurzelten Menschen – von ihrem Unglück aufgerüttelt – nachzudenken beginnen, und nur so können die mehr oder weniger schläfrig gewordenen Christen erkennen, dass sie durch diese Situation herausgefordert werden.

Bei zweien der Kapitel handelt es sich um Festvorträge, die ich bei Preisverleihungen (1995 in Zürich und 1996 in Würzburg) hielt. Sie tragen die Titel: «Abendländische Besinnung ist not» und «Wider den Zeitgeist – eine Interpretation des Ungehorsams». Weil auch diese Vorträge dem Tenor der Arbeiten dieses Bandes entsprechen, schien es mir sinnvoll, sie hier einzufügen. Alle diese Kapitel sind in der mich bewegenden Intention verfasst: Bei jeder Gelegenheit zu verdeutlichen, was die Stunde geschlagen hat, damit durch Widerstand gegen den Zeitgeist Wandlung geschehen kann.

Monsignore Prof. Dr. Johannes Bökmann, dem Chef der Zeitschrift «Theologisches», meiner Mitarbeiterin Dr. Andrea Dillon und dem Leiter des Christiana-Verlages Arnold Guillet sei für ihr Mitwollen und Mittun hier noch einmal herzlich gedankt.

Uelzen, Im März 1997 *Christa Meves*

Unser Leben – ein Weg mit einem Ziel?

Psychotherapeuten, die tiefenpsychologisch arbeiten, lassen sich gern die Träume ihrer Patienten erzählen, weil in ihnen oft in den nächtlich phantasierten Bildern Wesentliches aus dem Urgrund ihrer Seele erkennbar wird. Häufig ist in den Träumen von Wegen und von Straßen die Rede. Manche sind holprig schmal, andere vielbahnig, die einen führen aufwärts, andere in eine Sackgasse oder gar in die Irre, bei manchen geht es mit beängstigender Beschleunigung auf einen Abgrund zu. Auf Straßen und Wegen wird im Traum mit dem Auto gefahren, auf anderen läuft man einem Bus, einer Straßenbahn, einem abfahrenden Zug nach, ohne ihn zu erreichen oder aber im letzten Augenblick auf ihn aufzuspringen. Manche Wege sind vereist, verschneit oder mit Schranken verbarrikadiert, andere sind dunkel, unheimlich, und nicht selten wacht der Träumer schweissgebadet und um Hilfe schreiend auf, weil ein Ungeheuer, ein wildes Tier oder ein böser Mensch über den Wanderer herfällt, ihn verfolgt, einholt und angreift.

Sind solche Träume Schäume? In den seltensten Fällen. Meistens haben sie einen ganz direkten Bezug zu den Problemen bzw. der Gestimmtheit des Träumers in seiner individuellen Situation, des Menschen auf seinem Lebens-Weg, wie bereits unsere Sprache dieses unser Wandern auf dieser Erde benennt.

Oft enthalten die Weg-Träume Warnungen vor Gefahren, in denen wir uns gerade befinden. Sind wir etwa im Begriff, eine Richtung einzuschlagen, die falsch ist, die ins Verderben führt? Die in einer Sackgasse endet, d. h. die keine Zukunft hat? Haben wir auf einer kurvenreichen Straße vielleicht das Steuer unseres Fahrzeuges, d.h. unserer Person, aus der Hand verloren? Sind wir ins Schleudern geraten? Haben unsere Bremsen, d. h. unsere Selbstkontrolle, versagt? Will ein unheimlicher, ja, vielleicht sogar ein böser Teil unserer Seele von uns Besitz ergreifen – und wir träumen das als Bemächtigung durch ein Ungeheuer, als einen Angriff des Bösen schlechthin?

Viele Träume möchten uns aber auch anspornen, wenn wir in der Gefahr sind, bequem und träge zu werden, wenn wir uns nicht genug mühen, unsere Begabungen einzusetzen, wenn wir in seichter Zerstreuung eines Wohlstands-Lebens zu versacken drohen. Dann entstehen die Zu-spät-komm-Träume: Der Zug ist abgefahren, weil wir, die wir keuchend und hechelnd dahergelaufen kamen, nun nur noch die Schlusslichter des Zuges sehen.

Oder auch umgekehrt, gewissermaßen als eine Ermutigung unseres Unbewussten: Wir schaffen im Traum den Anschluss, die Prüfung, und das bedeutet meist weit mehr als eine Erinnerung an ein Stress-Erlebnis, das man in der Realität hatte, etwa um ein öffentliches Verkehrsmittel zu erreichen. In den schönsten Weg-Träumen geht es bergauf, auf eine Burg, auf ein Schloss, auf einen Berggipfel zu, mit dem beglückenden Traumerleben, dem eigentlichen Ziel nahe zu sein. Wenn wir nichts hätten als unsere Träume, könnten wir schon erkennen: Unser Leben ist nicht einfach ein Sitzplatz, irgendwo festgebannt wie etwa ein Blatt am Baum, wie in einem Kindersitz oder in einem Gefängnis.

Unser Leben ist in der Tat ein Weg, auf dem wir uns bewegen, und zwar grundsätzlich vorwärts! (Zwar träumen moderne Menschen gelegentlich, dass sie den Rückwärtsgang des Autos einschalten – meist sogar aus Versehen –, aber das ist dann auch ein bedenkliches Zeichen; denn im Grunde gibt es für uns Menschen keinen Weg zurück!) Wir sind daraufhin angelegt, von der Wiege bis zur Bahre in Bewegung zu sein, und auch der Wachstumsprozess der frühen Jahre aus einer befruchteten Eizelle von 0.1 mm Größe bis zu einem ausgewachsenen Menschen im Durchschnitt von 1.70 m und einem Gewicht von 60 kg geht analog als Erkenntnis hervor: Wir sind auf Wachstum hin angelegt, nicht etwa nur des Körpers allein, sondern auch der Seele und des Geistes. Wir sind wachsend unterwegs.

Woher? Wohin? Der Weg in den Träumen hat oft einen Anfang. Er beginnt in einem Haus, in einer Heimat, in einem Bahnhof, und nicht selten hat er auch ein Ende. Irgendwo mündet er ein: vor der Burg, an der Brücke, am Meer, an irgendeinem großen Wasser... Und auch in diesen Bildern kommt Urwissen über uns Menschen zum Ausdruck: Unser Erdenleben ist ein Durchlauf mit Herkunft und Ziel. Dieser unser Lebensweg will bewältigt sein. Wir werden geradezu nach vorwärts getrieben, und es gibt auf ihm reichlich viele Gefahren. Wir können auf falsch gestellte Geleise geraten, und wir wachen um so eher schweissgebadet und mit vor Angst klopfendem Herzen auf, je mehr wir am Tag zuvor, in unserem Alltag, in einer Situation gewesen sind, die uns in der Tat gefährdet, das Ziel nicht zu erreichen.

In der Realität sind das oft Etappenziele: Man hat in der Ausbildung eine Prüfung zu bestehen; man ist im Begriff, eine Partnerwahl zu treffen; die berufliche Position ist durch Entlassung und Arbeitslosigkeit bedroht. Aber meistens loten unsere Träume darüber hinaus noch wesentlich tiefer. Sie fragen und mahnen und lassen uns unter Umständen schreiend aufwachen, weil wir uns vertan haben, weil wir nachlässig wurden, weil wir unsere Kräfte nicht bündelten und uns nicht mühten, ohne Umschweife das Ziel anzupeilen.

Welches Ziel? Wären wir Zufallsprodukte, wären wir Blätter im Wind, wären wir nichts als ein wenig gestaltete Energie – wir würden gewiss nicht diese vielen Weg-Träume träumen. Wohin gehen wir? Eine klare Ausrichtung hat unsere Welt im 20. Jahrhundert nicht parat. Da ist vielmehr eine Vielzahl von Schildern, und sie locken mit einem Ziel, das uns allen wünschenswert erscheint: Sie versprechen das Ziel «Glück»! Glück wodurch? In den vergangenen Wochen wurde eins mit Hilfe des Lottospiels ganz hochgejubelt: Glück durch einen Millionengewinn, Glück durch Geld; ausgesorgt haben, nie mehr arbeiten müssen, nie mehr seufzen über ein Budget, das immer weniger reichen will, weil das Geld schleichend immer weniger wert ist.

Das leuchtet so ein; und dennoch machen es uns die Lottokönige, machen es uns die vielen Skandale in den Kreisen der Superreichen deutlich: So einfach, so selbstverständlich ist das offensichtlich nicht aneinander gekoppelt: Geld und Glück. Geld kann den Menschen sogar ganz und gar aus dem Tritt bringen: Er wird habgierig, denkt nur noch in Gewinnchancen, verengt sein Sein auf Börsenspekulationen und Geschäftemacherei. Oder er wird hochmütig und meint, er sei mehr als die anderen, wenn er einen Porsche fährt und sich mit Perlen und Edelsteinen behängt. Oder er wird verschwenderisch, gibt sinnlos aus und verbringt seine Zeit damit, Neues, immer Neues einzukaufen. Imelda Marcos soll sich 3000

Paar Schuhe gekauft haben. Die arme Frau – wieviel verlorene Zeit, sie nur alle zu registrieren, geschweige denn, sie zu tragen! Welch ein Ballast!

Besitz kann zur furchtbaren Last werden, wenn es der Mensch nicht schafft, damit Maß zu halten! Aber Geld hat eine geheimnisvolle Sogkraft und hat schon Heere von Reichen in großes seelisches Unglück gestürzt; abgesehen davon, dass die materielle Sorglosigkeit auch geistig träge machen kann, so dass der Mensch sich schließlich nur noch elend zu langweilen vermag. Geld als höchstes Lebensziel taugt ganz offensichtlich überhaupt nicht, lehrt die Erfahrung weltweit und auf Schritt und Tritt.

Ein anderer Wegweiser der Moderne winkt mit dem Ziel «Freiheit», und er wirbt mit herrlichen Etappen-Zielen. Als die DDR-Bürger aus der Unfreiheit entlassen wurden, gaben viele von ihnen an, vor allem *eine* Sehnsucht zu haben und sie sich erfüllen zu wollen: Zu reisen, wohin man wolle...: Reisen, ja, könnte dieser Weg nicht bereits ein befriedigendes Ziel sein? Wir alle reisen so gern! Wir mögen das: uns ins Bewegung setzen, nach neuen Eindrücken suchen! Wenn man sich z. B. einmal einen Tag lang nur im Frankfurter Flughafen in die Eingangshalle setzt, kann einem geradezu schwindelig werden über all die Reiselust in die große Ferne, die da herumwirbelt.

Im Grunde ist es nicht das so notwendige Bedürfnis nach Erholung allein, das hier treibt. Es ist mehr, als nur irgendwo an einem heissen Strand in der Sonne zu liegen, um braun zu werden (das gibt es freilich tatsächlich auch!), aber in der Tiefe ist fast immer eine echte große seelische Sehnsucht dahinter: Etwas ganz *Erfüllendes* zu finden – in einem ganz *wunderbaren Erleben*. Aber das tritt nicht einfach so selbstverständlich ein – und so sucht man weiter, von Urlaub zu Urlaub. «Kennst du das Land...?», hat der supersehnsüchtige Goethe gedichtet, und er hat gemeint: das Land, das alle Sehnsucht stillt. Kennst *Du* das Land, ja, kennst Du es? Irgendwo in der Tiefe der Seele bleibt häufig doch ein unbefriedigter Rest – ganz unabhängig vom Wetter und vom Quartier, selbst wenn beides super war. Man schwärmt natürlich zu Hause und versucht sich sogar gegenseitig mit dem Superurlaub hochzuputschen und zu übertrumpfen. Aber im Stillen?

Und erst recht enttäuscht häufig das In-Anspruchnehmen all der enttabuisierten Freiheiten unseres modernen Lebens. Erlaubt ist seit dreissig Jahren in unserer Gesellschaft, was gefällt, was uns einfällt, und das ist häufig das, was die Medien hochjubeln. Ich sehe sie z. B. noch vor der Kamera stehen, die superschlauen Moderatoren, die unseren Kindern erklärten, wie gut ein wenig Rauschgift für sie sei, wie gut die Zigarette... Das heisst, man setzte auf die Freiheit ohne Gott als Lebensziel und ließ sie auskosten – bis zur Neige – leider nur allzuoft bis zur bitteren.

In der psychotherapeutischen Praxis wird die Rückseite dieser bunt-schillernden, verlockenden Fassade sichtbar und die sieht oft wenig nach Glück und nach Frieden aus; Zerrüttungen sind häufiger.

Zerrüttung der Beziehungen – in den Ehen, in den Familien zwischen Eltern und den herangewachsenen Kindern –, Zerrüttung durch Übermaß an Lustvollem, so dass die Menschen sich schließlich als gefesselt erleben statt befreit; gefesselt an den Alkohol, ans Rauschgift, an die Sexualität. Und soviel Krankheiten – seelische und körperliche: psychosomatische Leiden, Depression, jede Menge! In allen liberalen Wohlstandsländern der Welt sind die Depressionen mittlerweile vom Jugendalter ab zur Epidemie geworden!

«Ich sehe keinen Sinn in meinem Leben», sagen sie und zeigen damit, dass das Glück immer weniger zu finden ist, wenn man nicht einen *Sinn* in allem Tun gefunden hat. Ja, man kann sagen: Wir Menschen sind auf Sinnfindung so sehr angelegt, dass wir depressiv zu werden drohen, wenn wir keinen finden können. Wohin gehen wir also?

Eine 50jährige Frau berichtete, wie sie für sich auf diese Frage eine befriedigende Antwort gefunden habe: «Ich habe es zunächst sehr leicht gehabt in meinem Leben», berichtete sie. «Meine Eltern waren Geschäftsleute. Mit Fleiss haben sie es dadurch in der Nachkriegszeit ziemlich rasch zu Wohlstand gebracht. Mir und meiner Schwester hat es als Jugendliche an nichts gemangelt. Wir begannen in der Mitte der sechziger Jahre zu studieren, wir hatten ein Auto, ein Zimmer am Studienort und genug Geld, das Studentenleben auszukosten. Die Pille war erfunden, die Studentenrevolte untermauerte unsere Genussfreude. «Make love, not war!», hieß es. Wir waren enorm in action; wir studierten – aber nur wie nebenbei –, und deshalb war ich auch schon 28, als ich endlich fertig war. Aber als ich damals zurückschaute, konnte ich eigentlich nur eine recht negative Bilanz ziehen: Mein erster Partner, eine ganz große glühende Liebe, hatte mich nach einigen Monaten einfach sitzen lassen, was mich an den Rand der Verzweiflung brachte; dann hatte ich mir – nach dem Motto: «Nun ist eh' alles egal!» – ins Bett geholt, was mir gerade so Spaß machte. Aber glücklich war ich dabei nie geworden. Ein paar Mal hatte ich mir sogar Geschlechtskrankheiten geholt, zwischendurch auch mal die Pille zu nehmen vergessen – und es erst gemerkt, als ich bereits mitten in der Angst vor einer Schwangerschaft saß. Dann noch eine große Hoffnung mit einem jungen Arzt als Partner, den ich festzuhalten versuchte, indem ich absichtlich die Pille wegließ... Aber als ich schwanger war, wurde er bitterböse und machte, dass er wegkam. Ich war abermals zu Tode verzweifelt und ließ das Kind abtreiben. Aber hinterher hatte ich furchtbare Schuldgefühle. Ich merkte so immerhin, dass ich auf dem falschen Weg gewesen war, antwortete auf eine Heiratsannonce und heiratete einen Geschäftsmann. Der hatte zwar keine Zeit, aber mir war das recht. Dadurch konnte ich ungestört eine physiotherapeutische Praxis aufbauen. Kinder waren Bedingung gewesen. Die bekam ich auch, drei in rascher Folge, überließ sie aber wechselnden Au-pair-Mädchen, die sie recht und schlecht über die Runden brachten. Unsere Drei wuchsen heran, machten aber wenig Freude. Aufmüpfig, bequem, mit frühem Rauchen und üblen Freunden, mussten wir feststellen, dass es eine wenig geglückte Saat war, die da aufging. Der Jüngste, mein Liebling, machte dann mit 15 mit einem Kumpel ohne unsere Einwilligung eine Reise nach Kanada und kam nie wieder: Er verirrte sich in den unermesslichen Wäldern...

Jetzt war ich am Ende. Ich brach zusammen und war lange Zeit wie gelähmt, wie tot, nicht einmal weinen konnte ich. Mein Mann und ich konnten einander auch nicht helfen. Wir zermürbten uns nur mit gegenseitigen Vorwürfen. Ich ließ mir eine Kur verschreiben, und hier begann ich, vom Glockenläuten seltsam angezogen, zum ersten Mal seit endlosen Jahren die Heilige Messe zu besuchen. Dort passierte es dann: Ich konnte meine Schuld, meine große Schuld bei Christus abgeben, auf den Knien, mit der flehentlichen Bitte: «Herr, sei mir gnädig!» – Und dann geschah das Wunder: Es war mir, als habe mir jemand eine Schutzhülle umgelegt; ich fühlte mich ruhig, befreit, geborgen und doch geradezu wie aufgeweckt! Später habe ich auch gebeichtet, aber seitdem bin ich wie verwandelt. Ich habe mein Zuhause gefunden!

Bisher war Christentum für mich so etwas wie ein Sammelsurium von nicht recht einsehbaren Geschichten gewesen. Und nun merkte ich: Da geschieht ja etwas ganz Reales: Ich werde *wirklich erlöst* von all meiner Qual, meiner Trauer, meinem Leid! Ich darf mich einkuscheln wie ein Kind bei seinem Vater, bei seiner Mutter! Nun fiel es mir auch geradezu wie Schuppen von den Augen: Ich merkte auf einmal, wie wahr es ist, wenn das Evangelium sagt, dass Gott uns *so* liebt, dass Er uns von unserer Schuld erlöst, erlöst *hat* durch den Sühnetod von Jesus Christus, und jederzeit jeden Einzelnen erlöst, der zu Ihm kommt und Ihn darum bittet. Ich wusste auf einmal wieder, dass das alles stimmt: dass man gut fährt, wenn man sich nach IHM ausrichtet, statt einfach nur sich selbst im Kopf zu haben, dass die Zehn Gebote notwendige Schutzzäune sind, dass es eine große, heilige Aufgabe ist, Kinder großzuziehen, mit persönlichem Einsatz, mit Liebe!

Und ich habe erfahren, dass man immer wieder neu anfangen kann, wenn man umkehrt und wieder das Ziel vor Augen hat! Und nun das Wunderbare: Seitdem ist wieder Segen in unser Haus eingekehrt, ja, selbst mit den Kindern geht es wieder aufwärts!

Wohin also gehen wir? – «Immer nach Hause», hat der große Dichter Novalis bereits geantwortet, und es ist völlig klar, was er damit meinte: Er wusste, wie unsere Träume es uns signalisieren wollen, wie diese Frau bekannte, dass jeder von uns dazu bestimmt ist, mit seinem Lebensweg auf Gott zuzugehen, auf unsere Heimat in der Tat bei IHM, im Heilwerden durch IHN.

Dieser Vater hat mich Mensch persönlich in Liebe geschaffen. Er hat mich persönlich ins Leben geschickt. Er hat mich persönlich bei meinem Namen gerufen; denn Er hat einen Plan mit mir persönlich, einen Auftrag für mich, und der heisst: Du, Peter oder Paul, Anna oder Christine, hast eine große, schwere, schöne Aufgabe in diesem deinem Leben zu vollziehen. Du sollst mit deinen Pfunden wuchern, d. h. du sollst deine Begabungen entfalten und vor allem:

Du sollst mithelfen, dass das Gottes Reich auf Erden immer näher kommt. Was heisst das? Du sollst in deinem Leben durch dein Mit-Lieben dafür sorgen, dass unser Leben hier auf der Erde menschlicher wird, nicht mehr so tierisch, nicht mehr so selbstsüchtig, nicht mehr so anmaßend, und dass es dadurch nicht mehr so heillos bleibt.

Das ist allein deshalb nicht ganz leicht zu realisieren, weil dieser Geist der Liebe immer neu in der Gefahr ist, in unserem Alltag zu schwach zu werden. Nur allzu leicht werden wir stattdessen von all dem Urkreatürlichen beherrscht, das wir mit den Tieren gemeinsam haben. In der Natur herrscht das Urprinzip der Selbsterhaltung und der Fortpflanzung vor. Als Naturgeschöpfe sind wir Egoisten, in denen das «Selber essen», die eigene Absicherung, der Kampf alle gegen alle vorherrschen. Und wie werden wir davon beherrscht! Wie verstehen wir, den anderen konkurrierend auszuschalten – schon ganz und gar in unserer brutalen Leistungsgesellschaft! Aber unsere Träume, unsere Depressionen flüstern uns zu: «Ist das wirklich alles?»

Nein, erklärt uns die Bibel von Anfang bis Ende: Mit Dir, Mensch, ist mehr gemeint! Gott schuf den Menschen nach Seinem Bilde; Er hob ihn über die Natur hinaus. Er hat mit Seiner Schöpfung mehr vor als die ewige Wiederkehr des Kreatürlichen. Mit Hilfe des Menschen soll diese Urgewalt der Natur allmählich überwunden werden – durch die Geist-Macht der Liebe! Dieser Keim ist uns eingehaucht mit unserer Existenz. Ihn sollen wir verwirklichen! Um uns diesen Sinn zu verdeutlichen, hat Er einen göttlichen Teil von sich selbst als Mensch auf die Erde geschickt. Und um uns zu verdeutlichen, dass Er durch Seine Liebe die Allmacht der Natur brechen will, deshalb geschieht auf dem Lebensweg von Christus ganz viel Übernatürliches – über die Natur Hinausreichendes: mit der Geburt durch eine Jungfrau, durch Wunderheilungen, durch Auferweckungen von drei Gestorbenen und schließlich durch die Überwindung des Todes durch Seine Auferstehung. Uns wird gewissermaßen mit diesem Lebensweg vorgemacht, wie wir unser Leben verstehen sollen und deshalb dann auch: Wie wir uns sinnvoll verhalten sollen.

Diese Zielsetzung, dieser Sinn und Wert jedes einzelnen Menschen in seinem Leben ist in der Heiligen Schrift vorgegeben, «geoffenbart», wie die Bibel deshalb sehr richtig heisst, – in vielen Bildern, Weissagungen und Chroniken des Alten Testaments, aber in Wort und Tat durch Jesus Christus und Seine Jünger uns *direkt* zugesprochen im Neuen Testament. «Du hast einen Vater!», ruft Christus uns zu, «und der liebt dich von ganzem Herzen. Er hofft auf dich, er bangt um dich, wenn du vor Abgründen stehst in den Versuchungssituationen deines Lebens.»

Gott hat seit Christi Tat vor 2000 Jahren eine wunderbare Verheissung direkt für dich: Er beschenkt dich mit *ewigem* Leben, selbst wenn du gelegentlich auf deinem Weg auf Umwege oder Abwege geraten bist, unter der Voraussetzung freilich, dass du an Ihm, Gott, als deinem Lebensziel festhältst bzw. zu ihm umkehrst und es dankbar annimmst, dass Christus uns Umkehr möglich macht, indem Er uns mit Seinem Licht unseren Weg ausleuchtet; Er geht uns voran, Er lebt uns gottgehorsames Leben vor, Er sagt uns, wie wir handeln sollen. «Ich bin das Licht», hat Er deshalb gesagt, «ich bin der Weg, die Wahrheit und das Leben.» Ja, Er hat einen Ort, wo Er mit all den Offenbarungen Seiner Gegenwart, mit denen Er seit Jahrhunderten die Menschen beschenkt, immer präsent ist – und das ist die Kirche! Dort wartet Gott auf jeden einzelnen von uns. Wir müssen uns dem nur stellen mit offenen Ohren und offenem Herzen! Und wir haben es nötig, diese Verbindung wieder und wieder zu suchen, damit wir nicht doch zurückfallen in tierische Verhaltensweisen.

Was *Glauben* heute noch bringen kann? *Alles:* Frieden, Geborgenheit, Klarsichtigkeit, Liebesfähigkeit, Dankbarkeit und ein tiefes Glücksgefühl bereits im Heute, weil wir unverbrüchlich von dem uns liebenden Vater wertgehalten werden und bleiben, wenn wir das Tor zu Ihm nur nicht selbst zuschlagen. Dieser Friede wird aber vor allem auch durch das Wissen hervorgerufen, dass wir auf eine Hoch-Zeit unseres Seins zugehen, wenn wir diesen Weg wählen, um jenseits des Lebens die Körbe unserer Lebensarbeit und unseres Liebens vor dem uns erwartenden Gott auszuschütten. Gewiss, wir können unser Ziel verfehlen. Wir haben die Freiheit, uns für Seichtes, Vorläufiges, ja Böses, Anmaßendes und Maßloses zu entscheiden. Das wird uns zwar in der öffentlichen Meinung als das fabelhaft Freie, das modern Fortschrittliche allenthalben vorgebetet, aber wir handeln uns fast immer nicht nur schon zu Lebzeiten dadurch Unglück ein, sondern darüber hinaus vor allem *jenseits* des Todes eine dann nicht mehr revidierbare Gottesferne, wenn wir uns vorher von Gott losrissen.

Diese Freiheit der Entscheidung ist nun einmal die einzige Bedingung, die der uns liebende Vater uns stellt. Sein schwaches Geschöpf Mensch mit der Freiheit zur Entscheidung zu beschenken, war für den liebenden Vater gewiss ein risikoreiches Unternehmen; aber weil es Entscheidung für die Liebe nur in Freiheit geben kann, war dies für Gott bei der Schaffung des Geschöpfes Mensch eine unumgehbare Vorgabe. Aber deshalb eben gibt es gefallene Schöpfung, deshalb glauben wir immer wieder, jeder ein Adam, jeder eine Eva, die Sache mit der Welt am besten allein nur in die Hände des Menschen legen zu können.

Deshalb auch ist es ein Beweis der Liebe Gottes zu jedem einzelnen Menschen, dass Er für uns selbst als inkarnierter Gott in der Gestalt von Jesus Christus sein Leben gibt, um uns von dem uns sonst erwartenden Tod zu erlösen. Aber etwas wert sein, d. h. unseren Wert darin zu finden, ein von Gott Beauftragter zu sein, Sein persönlicher Mitarbeiter, damit Sein Reich, das Reich der

Liebe komme – das können wir nun einmal nur, wenn wir uns während unseres Lebensweges immer wieder in diesen von Christus ausgeleuchteten Weg stellen, wenn wir zurückfinden, nachdem wir einmal wieder in irgendeinen Sumpf, in irgendeine trickreiche Falle des Bösen geraten sind.

Doch die Verantwortung für unsere Entscheidung – die bleibt uns. Sie befindet nicht nur allein darüber, ob wir in unserem Leben hier Wert und Sinn finden. Eine Entscheidung zur trotzigen oder gar höhnischen *Absage* an Gott hat – abgesehen davon, dass wir dann zeit unseres Lebens ein schwankendes, ungestütztes Rohr bleiben – *jenseits* des Todes zur Folge, dass der Richter Christus zu uns in Seinem Gericht nichts anderes sagen kann als das traurige Wort: «Ich kenne euch nicht!»

Reichen die Träume aus, uns auf dem richtigen Weg zu halten, bzw. ihn immer neu wiederzufinden? Können wir *allein* zu Gott, zu Christus finden? Gewiss, Wunder der Erleuchtung sind immer wieder möglich. Aber wenn wir uns selbst und unsere Kinder, unsere Partner, unsere Nächsten lieben, so sollten wir so klug sein, mit ihnen die großen, weiträumigen Schutzräume auf unserem Lebensweg nicht zu verschmähen.

Sie bestehen aus unserer Kirche, in der der lebendige Christus gegenwärtig ist, immer bereit, uns mit dem Lebenswasser, der Wegzehrung, zu beschenken, die uns die nötige Kraft gibt, um tapfer ausschreitend das Ziel nicht aus den Augen zu verlieren. In der Liebe von Christus sollten wir bleiben, dann beschenkt Er uns mit der Kraft, gegen alles Böse der Welt, gegen alle Stürme auf unserem Weg gegenanzulieben und so Glück, Segen und Ewigkeit zu ernten.

Wer wagt es, dem Zeitgeist zu widerstehen?

Zeitgeist – was ist das? Das Lexikon vermittelt ebenso lapidar wie treffend folgende Definition: «Zeitgeist ist die sich in Erscheinungen eines Zeitalters offenbarende Gleichartigkeit der geistigen Haltung, des Stils, der Lebensformen und Ideen.»

Sinnt man dieser Definition nach und versucht, sie in Beziehung zur Lebensform der Bürger in der Bundesrepublik Deutschland etwa seit der Mitte der sechziger Jahre zu setzen, so muss als erstes die Frage gestellt werden: Ja, haben wir überhaupt noch so etwas wie einen Zeitgeist, das heisst also eine Gleichartigkeit der geistigen Haltung? Und wenn ja, wieso sollte es mit unserer so dankenswert freien Demokratie, in der die freie Meinungsäusserung heiliggehalten wird, nötig oder gar ein Wagnis sein, dem Zeitgeist zu widerstehen? Ist die Furcht vor einem Zeitgeist der Modernen nicht einfach ein Phantom, Ausgeburt einer leicht paranoiden Phantasie? Ist nicht gerade unsere Zeit von einer herrlich bunten Vielfalt gekennzeichnet, dem «Markt der Möglichkeiten» auf dem Plateau des Wohlstandes? Aber täuschen wir uns nicht: Tönt dieser Ruf, diese standartenhafte Betonung von Offenheit, Toleranz, von «leben und leben lassen» nicht merkwürdig eintönig, im wahrsten Sinne des Wortes, durch unsere Lande? Ist hier nicht genau jene Gleichartigkeit im Spiel, die den Typus des Zeitgeistes ausmacht? Ein besonders charakteristisches Merkmal in diesem Sinne liefert z. B. die Mode, die ja grundsätzlich Zeittypisches widerspiegelt: Bei aller Vielfalt, die vor allem auch das Bedürfnis nach Integration des Fremdländischen widerspiegelt, z. B. in den weiten Kattunkleidern aus Marokko und Indien, ebenso wie im künstlich gekrausten Afro-Look, wird doch gleichzeitig die oberste Devise, nämlich die Lässigkeit, in einer erstaunlichen Einheitlichkeit besonders in einem Kleidungsstück demonstriert: nämlich in der so weitgehend verbreiteten und so durchgängig getragenen Mode der Jeanshosen.

Ein Charakteristikum unseres Zeitgeistes haben wir damit wohl bereits ausgemacht: eine zur Grenzenlosigkeit bereite Liberalität einerseits; sie ist eine der Hauptdevisen unseres Zeitgeistes heute. Aber sie hat sich einen merkwürdigen Zwang aufzuerlegen: den Zwang zur Konformität, der im Grunde ihrer Eigenart widerspricht und sie einseitig eingrenzt. Das liegt daran, dass das Bedürfnis nach Uniformität einem Sicherungsbedürfnis durch die Gruppe entspringt, nach dem Motto: Hältst du dich an die Mode, hältst du dich an das, was «in» ist, an das, was alle anderen auch tragen, oder für richtig halten, so fällst du als Individuum nicht auf und kannst mit dem Gruppenschutz rechnen. Hier handelt es sich um ein ungeschriebenes vitales Gesetz, dem aber das Wesen des Zeitgeistes voll unterliegt. Es lässt sich auch bereits bei Tierkollektiven ausmachen. Es dient der Erhaltung der Spezies durch den Gruppenschutz für den Einzelnen, ist infolgedessen darauf aus, in die Gleichartigkeit und die Nachahmung des allgemein üblichen zu nötigen und grenzt das Andersartige aggressiv aus, weil es als existenzbedrohender Feind angesehen wird. Die Verhaltensforscher haben festgestellt, dass im Sinne dieses «Mobbing» nicht nur fremde Gruppen der gleichen Art bekämpft werden, die das Territorium streitig machen, sondern sogar auch Individuen der gleichen Gruppe, wenn sie nur anders aussehen oder anders riechen. Man hat aus Rattengruppen ein einzelnes Tier für einige Tage in eine andere Rattenumgebung versetzt und sie dann in ihr eigenes Kollektiv zurückgegeben, mit dem Ergebnis, dass dieses Tier von seinen Genossen im Handumdrehen totgebissen wurde.

Es gehört zum Wesentlichen des menschlichen Zeitgeistes, immer noch diesem gleichen Urgesetz zu unterliegen, wenn die Ausgrenzungen der einzelnen «Andersriechenden» in unserer Gesellschaft freilich seltener durch handgreifliche Gewalttat, sondern eher auf subtilere Weise geschehen.

Im Hinblick auf die Devise unseres Zeitgeistes: Grenzenlose Liberalität, entsteht nun freilich ein Paradoxon, das den wenigsten Akteuren im Bewusstsein ist und das wiederum in der Mode sichtbar wird. Schlabberlook signalisiert den Trend zum Lockersein, zum Widerstand gegen Einengungen, und doch übt die Mode einen Zwang zum Tragen dieser superfreien Bekleidung aus und grenzt die Freiheit erneut, wenn auch einseitig, ein! Und dieses Paradoxon bleibt keineswegs auf ein äusserliches, auf die Kleidermode beschränkt, sondern ist laut Urgesetz zu einer ungeschriebenen Vorschrift geworden. Nach ihr wird der nichtkonforme Unliberale in unbewusster Unlogik mit plötzlich einsetzender Strenge intolerant ausgegrenzt, sobald ein unliberal scheinender Aussenseiter in Erscheinung tritt und sich zu artikulieren wagt. Seit einigen Jahren nennt man dieses Verhalten, von den USA importiert, «political correctness».

Einen ähnlichen Konformismus fordert unser Zeitgeist heute im Hinblick auf die Gleichberechtigung von allem und jedem. Mit geradezu mimosenhafter Empfindlichkeit wird auf unserem modischen Terrain reagiert, wenn sie irgendwo nicht gewährleistet zu sein scheint, ja, oft hat es geradezu den Anschein, als gäbe es unter den Trendverstärkern der öffentlichen Meinung so etwas wie spezialisierte Jäger nach benachteiligten Personen oder Gruppen, denen unsere Gesellschaft in schnöder Bosheit die geheiligte Gleichberechtigung vorenthält. Dabei müssen die «Bewusstmacher» häufig lange mit geschickten Argumenten rütteln und schütteln, um die ungerecht Behandelten auf ihre Benachteiligung aufmerksam zu machen, bis diese – endlich unzufrieden und neidisch gemacht – an ihrer miesen Situation zu leiden beginnen, und nun, zum Vergleichen stimuliert, danach trachten, in den Genuss dessen zu kommen, was man ihnen vorenthält und was andere offenbar haben.

Diese Dominanz der Forderung nach Gleichberechtigung um jeden Preis weckt nun freilich in der Tat eine der gefährlichsten, dynamitgeladensten Eigenschaften von uns Menschen: den Neid; er macht seit Kains Zeiten aggressiv, und infolgedessen hat dieser Akzent unserer Moderne gewiss keine nur harmlose und ausschließlich positive Tendenz.

Es muss uns deutlich werden, dass diese Stoßrichtung unseres Zeitgeistes nicht einfach einem fortschrittlichen Ruf nach mehr Menschlichkeit, Solidarität und Gerechtigkeit entspringt, sondern ein Merkmal der Philosophie des dialektischen Materialismus darstellt. Ihre Anhänger suchen zwar gewiss idealistisch nach der Gestaltung einer besseren Welt, aber sie suchen sie letztlich mit einem gewalttätigen Akzent, dem Modell der Angleichung, mit dessen Hilfe bezwungen wird, was nicht der vom Zeitgeist diktierten Norm entspricht. Das Postulieren einer

Einheitsnorm und die Vorstellung, dass sie realisierbar ist, entspringt der ideologischen Vorstellung eines atheistischen Menschenbildes, einer Welt ohne Gott. Danach «reproduziert» unsere derzeitige (kapitalistische) Gesellschaft allein die Unterschiede unter den Menschen, die zu Benachteiligungen führen. Sie allein – so heisst es – machen durch ihre (ungerechten) Herrschaftsverhältnisse den Menschen verschiedenartig. Es handelt sich nach dieser Ideologie um ein selbstgemachtes Unglück, das durch eine totale, sozialistische Umstrukturierung zum gleichartig Besseren verändert werden sollte und auch verändert werden könnte, eben weil sie törichterweise selbst verursacht sei, wie überhaupt alles Ungute gesellschaftlich bedingt sei, und durch Bewusstseinsveränderung, und das heisst durch Bewusstwerden von Benachteiligungen und Kampf der Unterdrückten gegen die Unterdrücker (wozu vor allem die etablierten Systeme Staat, Kirche und Wirtschaft gehören) verändert werden sollten.

Mancher mag jetzt denken: Nein, so denken wir aber nicht; und wenn viele so denken, kann doch die Definition, dass unser Zeitgeist in dieser Weise orientiert ist, nicht stimmen. Aber es darf nicht vergessen werden, dass in unserer Demokratie heute keineswegs die Parlamentarier und die nach ihren Wählerstimmen gierenden Regierenden zentralen Einfluss auf die Trends unserer Zeit haben, sondern vorrangig die Medien, Hörfunk, Fernsehen und Video. Noch keine Diktatur in der Geschichte hat je so subtil, so vielfältig und tiefgreifend Einfluss auf den menschlichen Geist nehmen können wie sie. Und zu unterschätzen ist nicht unser aller Anfälligkeit im Hinblick auf den Neid, unser aller Angefochtenheit im Hinblick auf gezüchtete Unzufriedenheit, unser aller Bedürfnis nach Gleichstimmigkeit, und das heisst Sicherheit in der geistigen Einigkeit mit der Gruppe! Vergessen wir nicht unseren so großen, tagtäglich auf uns einwirkenden Nachahmungstrieb, der ganz unbewusst unsere Mitläufermentalität hervorruft. Wo gibt es eine Frau, die es nicht als skandalös empfindet, dass so wenige Frauen in führenden Positionen sind und die dafür plädiert, dass nach dem Quotenprinzip die politischen Stellen zu fünfzig Prozent mit Frauen besetzt werden sollten? Wer ist dagegen, dass den Frauen mehr Wege in die Männerberufe geglättet werden? Wer hält es nicht für richtig, dass die Frauen – nun endlich nicht mehr von den Männern unterdrückt – gleich ihnen nach ihrer Ausbildung kontinuierlich den erlernten Beruf ausüben, statt sie als Gebärmaschine, Erziehungs- und Nachhilfelehrer der Nation abermals in die hintersten Winkel zu schicken? Wer wagt, diesem Fortschritt zu widerstehen?

Nein, das ist halsbrecherisch, und wieso, das möchte ich ausführlich darlegen. Aber vorher muss noch die Frage beantwortet werden: Ja, warum sollte man denn diesem so schönen liberalistischen Zeitgeist überhaupt widerstehen? Das freilich, ist im Grunde viel leichter zu beantworten, als es zunächst scheint; denn wir haben immerhin seit dreissig Jahren voll auf ihn gesetzt, und da lassen sich in unserer raschlebigen Zeit genug Bilanzen ziehen. Der verabsolutierte Liberalismus nach dem Motto: «Erlaubt ist, was gefällt», hat uns vor allem eine weitgehende Lockerung unserer Sitten eingebracht. Aber auch ihre Folge. Die neue «Ehe ohne Trauschein» (drei Millionen leben heute so in der Bundesrepublik) führte zu einer Einschränkung der Familienbildung; Scheidungserleichterung führte zu einem Hochschnellen der Scheidungszahlen auf fast 150'000 Fälle und 130'000 unmündige Scheidungswaisen pro Jahr; die Nötigung der Kinder zur Intimbeziehung von der Geschlechtsreife an führte zu einer Steigerung der Promiskuität, zu Frauenkrankheiten und Geschlechtskrankheiten und damit zu viel mehr Unfruchtbarkeit in jungen Jahren; die Abtreibungserleichterung brachte in den vergangenen zehn Jahren eine Abtreibungsquote von ca. 2'500'000 Fällen, die Propagierung und Tolerierung der sogenannten polymorph-perversen Spielarten der Sexualität führte zu einer starken Zunahme der Homosexualität, die Freigabe der Pornographie und der Nacktkultur zu einer Steigerung der Sexualdelikte, besonders des sexuellen Missbrauchs von Kindern, die Entschärfung der Strafgesetze und die Beschönigung von Straftaten ließ die Zahl der Delikte so anschwellen, dass sie kaum noch geahndet und von der Polizei nur noch mangelhaft bewältigt wurden.

Die Gleichberechtigungsidee verhalf zur Egalisierung des Schulwissens durch Massengroßschulen, zur Entwertung des Abiturs, zur Vermassung der Universitäten, weitgehend zum Ruin des Einzelhandels und der mittelständischen Kleinbetriebe durch Überteuerung und Überurlaubsanspruch der Arbeitnehmer. Dieser Zeitgeist verhalf aber auch zur Aufhetzung der Kinder gegen die Eltern und, unterstützt von der neuen Mündigkeit ab achtzehn, zu einer häufig allzu frühen Emanzipation von ihnen, zu einer den jungen Menschen schädlichen Nestlosigkeit durch die weitgehende Zerrüttung der Familien. Und von ausserordentlich gravierender Bedeutung ist auch die Aufhetzung der Frauen gegen die ach so chauvinistischen Männer, die sie nicht hinreichend genug in der Hausarbeit und bei der Erziehung der Kinder entlasten, was zu einer zunehmenden Enthäuslichung, zum weitgehenden Verlust der personalen Kindererziehung und damit zur Einschränkung seelischer Gesundheit der jungen Generation geführt hat – fürwahr, eine atemberaubend negative Bilanz! Widerspruch wäre in der Tat angezeigt; denn wie soll eine Bevölkerung gedeihen, wenn sie Millionen und Abermillionen Menschen hat, die chronisch so schwach sind, dass sie von den seelisch Gesunden, stabil Arbeitsfähigen mitgetragen werden müssen? Dieser eklatante Misserfolg des liberal-sozialistischen Zeitgeistes lässt zwei Schlussfolgerungen überdeutlich zutage treten:

Der ach so tüchtige Selbstmacher des zwanzigsten Jahrhunderts hat erstens seinen Freiheitsspielraum ganz offensichtlich überschätzt. Es hat eben nicht jede Haltung die gleiche Gültigkeit. Das egozentrische Menschenbild z. B. endet in der Rücksichtslosigkeit und der Barbarei missachteter Persönlichkeitsrechte der Mitmenschen. Und zweitens hat unser moderner Schmied seines Glücks und Neumacher einer gerechten Gesellschaft mit Hilfe seiner zur Gleichheit reproduzierten Menschenmassen blind am Wesen der Kreation Mensch vorbeimanipuliert; denn die Menschheit besteht nachweislich aus absolut verschiedenartigen, einmaligen Individuen mit unterschiedlichen Begabungen und deshalb auch unterschiedlichen Interessen und verschiedenartigen, begrenzten Möglichkeiten der Entfaltung. Marxismus ist die romantische Idee eines ressentimentgeladenen, realitätsfernen, mit neurotischem Neid angefüllten Advokatensohnes aus der Mitte des vorigen Jahrhunderts, die nur deshalb noch nicht angesichts ihrer brutalen Großmisserfolge kollektiver Verwirklichungsversuche ad acta gelegt worden ist, weil sie den Urneid der individuellen Menschenseele auf die verbesserungsbedürftige Gesellschaft projiziert und so immer neu zu faszinieren und aggressiv zu aktivieren vermag.

Widerspruch ist also dringend angezeigt – oder wünschen wir uns Kulturrevolutionen wie die in der Sowjetunion oder in China, bei der zahllose Millionen Russen und Chinesen von ihren eigenen Landsleuten hingemetzelt, die meisten sogar einfach nur mit einem Knüppel erschlagen worden sind?

Widerspruch muss auch bei allen jenen nachdenklichen Zeitgenossen entstehen, die bewusst im Geist des abendländischen Christentums wurzeln und anhand der Experimente unseres Zeitgeistes die Richtigkeit ihrer Vorstellung erhärtet finden konnten, dass weder die Zehn Gebote, diese Schutzzäune für menschliche Schwachheiten, überholt sind, noch die freiwillige, liebevolle Gehorsamsbindung an einen gnädigen Gottvater, sondern dass das eine ebenso vernünftige wie angemessene Verhaltensweise darstellt, zumal der Geschichtskundige ebenso wie der Bibelleser keine Mühe hat, geschichtliche Parallelen für ähnliche Irrwege überheblicher Machtergreifungen und ihrer verheerenden Folgen für ganze Völker als Beleg der Nüchternheit ihrer eigenen Vorstellung anzuführen.

Widerspruch gegen unseren so virulenten Zeitgeist, Aufklärung über die halsbrecherischen Gefahren, die er heraufbeschwört, ist also dringend angezeigt.

Ja, bitte – und warum sollte man denn das nicht wagen? Wo geht's denn hier jemandem bei uns an den Kragen, wenn er sein Stimmlein erhebt? Gewiss niemandem, und doch ist öffentlich artikulierter Widerspruch den meisten Menschen in unserer Republik nicht zuzumuten; denn auch unser Zeitgeist fordert – wie ich bereits nachwies – Konformität und grenzt die Querköpfe nicht nur aus, sondern schädigt ihr Ansehen so, wie es sich die wenigsten Menschen tatsächlich leisten können.

Hans Habe kennzeichnet die Verfahrensweisen der machthabenden Medien gegen Widersprüchler folgendermaßen: «Totschweigen, totschweigen, totschlagen», wobei natürlich nicht die rohe Gewalt gemeint ist, sondern die Verleumdung, die Lächerlichmachung, die Verhöhnung und Enthüllung persönlicher Schwachstellen.

Ein kleines Beispiel aus meiner eigenen Erfahrung: Als ich mit Gegenargumenten aus der Praxiserfahrung gegen die eben genannten Tendenzen unseres Zeitgeistes zu Beginn der siebziger Jahre zu schreiben wagte, dass wir am Ende dieses Jahrhunderts weder der dann horrenden Kriminalität, besonders der Sexualdelikte, noch den seelischen Erkrankungen und ihrer Unbezahlbarkeit gewachsen sein würden und dass die Quintessenz zur Vermeidung der neuen Seelenkrankheiten heissen müsse: zu Liebe, Gehorsam, Vergebungsbereitschaft und Dienst für Gott zurückzukehren, antwortete ein evangelischer Pastor in dem maßgeblichen Publikationsorgan seiner Kirche, dies sei ebenso unbewiesen wie das einfache Gegenteil.

Und als sich daraufhin eine große Schar von Menschen in Leserbriefen an meine Seite stellte, schrieb mir jemand, wenn ich so weitermachen würde, würde er dafür sorgen, dass in den nächsten Monaten in allen Zeitungen und Medien von Rang Darstellungen gegen mich erscheinen würden.

Dabei hatte ich nichts weiter getan, als ein christliches Bekenntnis abgelegt und seine Notwendigkeit dazu konkret belegt. Ich antwortete auch auf diesen Brief nicht, artikulierte auch keineswegs weiter öffentlich mein Befremden über diese absurden Proteste, und doch geschah es dann, wie angedroht. Man stellte mich besonders im «Spiegel» und in der «Zeit», ja in einer Kirchenzeitung, in Bausch und Bogen in Frage und sprach mir alles ab, was ich «misslicherweise» in meinem Werdegang nun einmal aufzuweisen habe: das Abitur, das Universitätsstudium, die Qualifikation meiner Ausbildung. Die Wirkung war phänomenal: Von Stund' an war ich «umstritten» und für alle Zeiten wissenschaftlich nicht ernst zu nehmen.

Seitdem bedienen sich seriöse Wissenschaftler zwar gern meiner Erkenntnisse, aber zitieren ist nicht nur nicht nötig, sondern tunlichst zu vermeiden, wenn man selbst weiter wissenschaftlich anerkannt bleiben will!

Ich berichte dieses Erlebnis um des typischen Beispiels willen, nicht um bedauert zu werden; denn ich kannte das psychologische Gesetz des «Mobbing» durch meine Zusammenarbeit mit den Tierverhaltensforschern bereits damals und hatte bewusst bejaht, mich ihm auszusetzen, als ich zu schreiben begann.

Wird erkennbar, wie berechtigt die Frage unseres Themas ist? Eine derartige Gegenposition gegen den Zeitgeist kann sich z. B. kein Familienvater leisten, der in irgendeiner Abhängigkeit steht. Er setzt sich groteskerweise einer kaum absehbaren Benachteiligung aus, einer hier einmal echten Benachteiligung. Nur Benachteiligungen dieser Art spürt kein medienangestellter Benachteiligungsjäger auf; denn Benachteiligungen dieser Art sind hocherwünscht, ja, sie werden nach Mobbing-Manier direkt anberaumt.

Ein nonkonformistischer Familienvater in einem Beamten- und Angestelltenverhältnis darf nicht damit rechnen, angemessen befördert zu werden, wenn er sich derartig nonkonformistisch verhält, er wird unter Umständen sogar rascher entlassen, und man wird sich auch von ihm im Umfeld seiner Arbeitskollegen distanzieren. Nur allzu leicht gerät er in die Isolation. Kürzlich sagte eine einsame Ratsherrin zu mir, die vor Ort in unserer kleinen Stadt einen jahrelangen, letztlich doch vergeblichen Kampf gegen die Bezuschussung der Abtreibungspraxis der hiesigen Pro-Familia-Institution geführt hatte: «Wo ich auftauche, schaut man durch mich hindurch, als wäre ich nicht existent.»

Ganz selbstverständlich ist es infolgedessen, dass diejenigen, die ehrgeizig vorrangig eine Karriere aufbauen wollen, tunlichst jeden Widerspruch oft ganz unbewusst, aber mit einem machtgierigen Karriere-Instinkt vermeiden. Die Karrieristen verkaufen lieber ihre Seele, als Widerstand zu leisten, und deshalb sind schließlich auch manche gewichtige Positionen in unserer Gesellschaft von solchen Opportunisten – die Bibel nennt sie Mietlinge – besetzt, wodurch natürlich neue Teufelskreise der Konformität entstehen müssen; denn selbst, wenn ein Karrierist den Sessel der Macht erklommen hat, entdeckt er nicht plötzlich wieder sein freies Gewissen! Viel eher ist das Gegenteil der Fall. Schließlich muss er immer fürchten, wieder zu stürzen! Aber da sich Gewissen nicht dauerhaft verdrängen lässt, meldet es sich doch als eine dumpfe Empfindung schlechten Gewissens, wenn diese meist nicht dummen Personen Nonkonformisten begegnen. Das ist ihnen ganz besonders unangenehm, weil es ihr Gewissen aus der Verdrängung lockt und ihre satte Ruhe quasi von innen her antastet und stört. Denn Nonkonformisten auszuschalten, bzw. geflissentlich zu überhören, steht in einer ganz persönlichen Verteidigungstendenz.

Auch von den Politikern unserer Demokratie kann gewiss nicht erhofft werden, dass sie sich einem noch so nötigen Nonkonformismus aussetzen. Sie haben mit Recht den allergrößten Angstrespekt vor dem so eintönigen Medientrend und befleissigen sich eilfertig, ihm nachzuplappern. Wie sonst sollte man zu den nötigen Stimmengewinnen kommen?

Wer wagt also, dem Zeitgeist zu widersprechen? Wer's wagt, muss in der Tat in einer beneidenswert glücklichen Lage sein, in der die wenigsten Menschen in unserer bürokratischen Demokratie tatsächlich heute noch sind. Er muss in seiner äusseren Position total unabhängig sein. Aber nicht nur die äussere Freiheit braucht er, sondern auch eine innere, eine geistige Unabhängigkeit, die so stabil ist, dass er nicht am Verlust seines Ansehens eine solche Einbuße seines Selbstwertgefühls erleidet, dass er daran seelisch krank wird. Er muss auch die Isolation von der Gesellschaft seines Umfeldes ertragen können, ja im Grunde darf er Tod und Teufel nicht fürchten; denn lässt sich wirklich abschätzen, ob er, wenn er für gefährlich genug gehalten wird, nicht auf eine Abschussliste gerät? Kann er abschätzen, dass all das viele staatsfeindliche Schüren nicht doch zu einem revolutionären Flächenbrand wird, in deren Mittelpunkt nun einmal prinzipiell die blutige Säuberung von missliebigen Personen steht – mit und ohne Guillotine?

Wer wagt, dem Zeitgeist zu widerstehen? Wahnsinnige nur? Oder Märtyrer, die die Liebe und Verantwortung für eine Zukunft und Menschenwürde zum heldischen Widerstand antreten lässt?

Wieviel Liebe braucht er dazu? Wieviel Verantwortungsdruck? Wieviel Liebe hat der Einzelne für ein so fernes überpersönliches Ziel? Wieviel Durchhaltefähigkeit? Wie schnell wird auch ein solcher Einzelkämpfer müde von all der Sisyphusarbeit, von der Beschämung, von all dem Kopfschütteln und dem Durch-ihn-Hindurchschauen seiner Umwelt?

Nein, es ist nicht menschenmöglich, dem Zeitgeist zu widerstehen, der schließlich nur deshalb so heisst, weil er die Mehrheit der Menschen zu Mitläufern macht und sie in seinen Bann zieht, ohne dass sie wissen, wie ihnen geschieht, und sie zu automatischen Mitverfolgern der Aussenseiter macht.

Es ist auch nicht menschenmöglich, dass ein kleiner gottgetreuer David diesen Zeitgeist zu besiegen vermag, weil hinter ihm mehr sitzt als der Riese Goliath, nämlich ganz direkt jener Dämon, den Goethe folgendermaßen kennzeichnet: «Ich bin der Geist, der stets verneint ... denn alles, was entsteht, ist wert, dass es zugrunde geht, drum besser wär's, dass nichts entstünde, so ist denn alles, was ihr Sünde, Zerstörung, kurz das Böse nennt, mein (des Teufels!) eigentliches Element.»

Wer von uns kann einen solchen Zeitgeist besiegen? Gewiss keiner von uns Menschen, dem Gott bereits zu Hiobs Zeiten zugerufen hat: «Kannst du den Leviathan ziehen mit dem Hamen und seine Zunge mit einer Schnur fassen? Kannst du ihm eine Angel in die Nase legen und mit einem Stachel ihm die Backen durchbohren? Meinst du, er werde dir viel Flehen machen oder dir heucheln? Meinst du, dass er einen Bund mit dir machen werde, dass du ihn immer zum Knecht habest? Kannst du mit ihm spielen wie mit einem Vogel oder ihn für deine Dirnen anbinden? Meinst du, die Genossen werden ihn zerschneiden, dass er unter die Kaufleute zerteilt wird? Kannst du mit Spießen füllen seine Haut und mit Fischerhaken seinen Kopf? Wenn du deine Hand an ihn legst, so gedenke, dass es ein Streit ist, den du nicht ausführen wirst. Siehe, die Hoffnung wird jedem fehlen; schon wenn er seiner ansichtig wird, stürzt er zu Boden.

Niemand ist so kühn, dass er ihn reizen darf... wer kann ihm sein Kleid aufdecken? Und wer darf es wagen, ihm zwischen die Zähne zu greifen? Wer kann die Kinnbakken seine Antlitzes auftun? Schrecklich stehen seine Zähne umher... Aus seinem Munde fahren Fackeln, und feurige Funken schießen heraus. Aus seiner Nase geht Rauch wie von heissen Töpfen und Kesseln... Auf seinem Halse wohnt die Stärke und vor ihm hüpft die Angst... Sein Herz ist so hart wie ein Stein und so fest wie ein unterer Mühlstein... Wenn man zu ihm will mit dem Schwert, so regt er sich nicht... Er achtet Eisen wie Stroh und Erz wie faules Holz. Kein Pfeil wird ihn verjagen; die Schleudersteine sind ihm wie Stoppeln... Er spottet der bebenden Lanze... Auf Erden ist seinesgleichen niemand... Er verachtet alles, was hoch ist» (Ijob 40, 29-31; 41, 1-26).

Nein, der Mensch macht sich lächerlich, wenn er aus eigener Kraft einer solchen Urgewalt zu trotzen sucht. Aber die Offenbarungen des Johannes künden dennoch von einem lohnenden Widerstand der Menschen gegen den Urrenegaten.

Wenn ihn letztlich auch nur der mit Himmelskraft beauftragte Engel in den Abgrund schleudern wird, so ist es doch auch möglich, an der Seite des Erzengels Michael, übermenschlich gestärkt durch die mystische Einverleibung von Christi Leib und Blut, den Ungeist zu verjagen; denn in den Offenbarungen heisst es: «Sie haben ihn überwunden (den alten Drachen) durch des Lammes Blut und durch das Wort ihres Zeugnisses und haben ihr Leben nicht geliebt bis in den Tod» (Offb 12, 11).

In diesem Geist dürfen wir kleinen Menschen uns wohl auf die Seite der im Namen Gottes gegen den Teufel kämpfenden Engel setzen, sie unterstützen durch die Klarheit unseres Bewusstseins, die Stärke unseres Glaubens, die Stichhaltigkeit unserer Argumente und die Demut unserer Nichtigkeit.

An ihrer Seite dürfen wir sein, kraft unserer Liebe für unseren Schöpfer, einer Liebe, die sein Schöpfungswerk anbetet und aus Dankbarkeit mit Tapferkeit und Furchtlosigkeit begabt wird. Aber nur, wenn wir uns in die Freiheit eines solchen Gottgehorsams, einer solchen Gottestreue gestellt haben, dürfen wir hoffen, nicht zu erlahmen und vielleicht sogar einmal ein winziges Stück der Riesenkrallen des altbösen Feindes zu erwischen.

Kirche auf dem Weg durch die Wüste

Kirche auf dem Weg durch die Wüste – ein Bild trat bei diesem Thema vor meine Augen: eine Karawane mit Kamelen und Dromedaren, mit einem langen Zug von Menschen, die sich mit gesenkten Köpfen einem Sturm von wirbelndem Sand entgegenstemmen, sich mühsam durch das Auf und Ab einer weissen Hügellandschaft kämpfen – einer unbarmherzigen Sonne ausgesetzt.

Die Tiere sind mit dem so lebensnotwendigen kostbaren Nass – dem Lebenswasser gegen den Tod durch Verdursten – beladen, und an der Spitze des Zuges schreitet der Älteste, der Kundigste, der Karawanenführer, der den Weg und das Ziel ebenso kennt wie die Oasen in der Etappe, die nicht verfehlt werden dürfen, um neue Lebenskraft, neuen Wasservorrat und schattige Erholung von den Strapazen der Wüstenwanderung zu finden.

Ja, so schien es mir spontan: Das ist wirklich ein angemessenes Bild für den Gang der Kirche durch unsere Zeit; denn der Wind des Zeitgeistes bläst ihr frontal entgegen. Er ist nicht im mindesten mit ihr im Einklang.

Während die Kirche Liebe, Gehorsam, Opferbereitschaft und Dienst für Gott auf ihrem Banner trägt, singt der Sturmwind des Zeitgeistes das Lied von Lust, Genuss, Prestige, Besitz und Emanzipation von Gott, von Freiheit ohne alle Grenzen, und bringt eine ungehinderte Zerstreuung vieler Sandkörner – der Seelen der Zeitgenossen – zustande.

Mit elektronischem Geheule wirft er den Sand der mühsam gegen den Sturm ankämpfenden Kirche *entgegen*, Sand, der in den Augen reibt und auf der Haut brennt; und das will heissen: besonders in den elektronischen Medien wird die Kirche nur allzuoft verhöhnt: als ewig-gestrig, als starr, als nicht glaubwürdig, ja, als lachhaft, als weltfremd, als abgehoben, neuerdings als sektiererisch, als fundamentalistisch, auf jeden Fall als etwas, das nun wirklich *mehr* als überflüssig, unbrauchbar und abschaffenswert ist.

Aber die Kirchen-Karawane ist nicht nur in der Gefahr, von diesem so vielzähligen Sandsturm erstickt und begraben zu werden; sie muss sich dazu noch der erdrükkenden Hitze unseres modernen Wüstenklimas erwehren, einer Übertemperatur, die alles echte Leben austrocknet, ausdörrt und riesige Areale unfruchtbar macht.

Ich meine damit den Triumph eines entsittlichten Lebens ohne Gott, das statt dessen das Ego auf den Thron gehoben hat; ich meine das unfruchtbar gewordene Leben im wahrsten Sinne dieses Wortes: durch die Massenabtreibung, den daraus resultierenden Geburtenschwund, die Single-Mentalität und die wilde Ehe, in der Kinder ganz und gar unerwünscht geworden sind.

In welcher Gefahr ist die Kirchenkarawane, in dieser Glut zu verdursten! Wie sehr ist sie darauf angewiesen, dass das Reisekonzept streng eingehalten wird, und wie unumgänglich ist es für die Mitwandernden, in der Gefolgschaft der Weg-Kundigen zu bleiben!

Wie hoffnungslos wäre die Situation der Einzelnen, wenn sie sich aus dem Verband lösen würden!

Das Reisekonzept besteht vornehmlich in einem reichlichen und dennoch gut eingeteilten Vorrat an Trinkwasser, an Proviant und an einer guten Auswahl gesunder Lasttiere. Mit diesem Bild soll ausgedrückt werden: Die Nahrung der Kirche – allemal und lebensnotwendig wichtig beim Gang durch die Wüste – sind die Sakramente, allen voran Brot und Wein als Gaben von Christi Leib und Blut.

Sie präsent zu haben in aller Wüstenbedrängnis heute, das ist nur möglich durch geduldige, ausdauernde, durch und durch getreue Lastenträger: den Stand der Priester, der dadurch ein heiliger ist, dass er den kostbaren, unumgänglich lebensnotwendigen Vorrat des Lebenswassers unermüdlich durch unsere Wüstenwelt trägt.

Aber nicht nur durch das barbarische Klima, d. h. durch die verderbliche Atmosphäre in unserer Gesellschaft, ist das Leben der Kirche und der glücklicherweise immer noch vielen, die versuchen, in ihrem Schutz, in ihrem Tross ihre Lebenswanderung zu bestehen, gefährdet: Es gibt in dieser Wüste eine erhebliche Zahl beutehungriger Raubtiere, die es besonders auf die Jungen und die Geschwächten abgesehen haben.

Ich meine damit die Verführer zum Rauschgift, zum Alkohol, zur dämonischen Musik...

Ist nicht z. B. die Disco wie eine Fata Morgana, die vom geraden, beschützten Weg fortlockt und die Seelen schließlich auf den Weg des Verderbens durch die Fesselung an solch eine Sucht führt?

Indes sind diese vielen und schweren Gefahren von aussen eigentlich noch nicht einmal das Verderblichste.

Am schlimmsten sind die Konflikte, die in den etwas ruhigeren Oasen-Nächten – sprich auf den Synoden und den kirchlichen Veranstaltungen – offen über den richtigen Weg unter den Insidern ausbrechen.

Da ist mittlerweile so etwas wie eine Meuterei entstanden: Man stellt Misstrauensanträge an den Karawanenführer, ja, man streitet sogar über das Ziel des ganzes Unternehmens. Der Leiter – sprich Papst Johannes Paul II.

– ist sich darin sehr sicher: er kennt den Weg und er kennt das Ziel.

Der *Weg* heisst Nachfolge Christi durch eine Haltung der Liebe – zu Gott und zu den Menschen; das *Ziel* ist, die Kirche mit der Vielzahl der getreulich gläubigen Seelen zu Gott zu führen und dadurch Sorge zu tragen, dass diese zu Gott heimkehren können.

Die Unaufgebbarkeit dieses Zieles und die allein mögliche Weise es zu erreichen, ist für den Papst gänzlich unstrittig: denn er steht in einer ununterbrochenen Reihenfolge von Beauftragten mit diesem Amt, seit Christus selbst Seinem Jünger Petrus diese Aufgabe zuteilte.

Und seine Landkarte, seine Wegmarken sind für ihn ebenso unumstößlich. Sie heissen: biblische Offenbarung und die daraus hervorgegangene lehramtliche Aussage. Sie sind im neuen katholischen Weltkatechismus mit Antworten auf alle modernen Einzelfragen für die katholischen Gläubigen verbindlich dargelegt.

Für die Kirche ist die Bibel nicht Menschenwerk, sondern Inspiration, Botschaft von Gott an die Menschen. Hielte daran jeder fest, so wäre alles in schönster Ordnung – zumal sich die Lehrschreiben der Päpste dieses Jahrhunderts als Schutz gegen die Sandstürme der Moderne bewährt haben.

Papst Paul VI. hat z. B. recht behalten mit seiner Warnung vor den negativen Folgen der Pille. Jetzt stehen wir da mit einem Geburtenschwund, der nun bereits die Renten unsicher zu machen beginnt; jetzt wird – weil es Usus geworden ist, dass auch die Frauen fremdgehen – jede dritte Ehe geschieden; jetzt stehen wir da mit all den vielen seelischen und körperlichen Erkrankungen, die durch eine maßlos gewordene Sexualisierung hervorgerufen wurden – vom Boomen des sexuellen Kindsmissbrauchs ganz zu schweigen.

Aber ungeachtet dieser verheerend negativen Bilanz, die den Wegweisungen Roms in diesem Jahrhundert einmal mehr recht gibt, wächst die Gruppe der Meuterer beträchtlich an.

Hauptgrund: Sie lehnen es ein für allemal ab, geführt zu werden. Jeder will seines eigenen Glückes Schmied sein – glaubt, das zu können, und redet es denen, die auf ihn hören, ein, dass *jeder* das könne, dass *jeder* seinen eigenen Weg allein gehen und neu suchen solle.

Manche ziehen dann auch unverzüglich los; aber wenige finden reumütig und schier verdurstet zur Kirche zurück: Die meisten zerstreuen sich ohne Wiederkehr im Wüstensand.

Aber auch das beweist nicht, dass die Gruppe der Meuterer, die zwar viel afterredet, aber dennoch im Schutz der Kirche verharrt, aus den so sichtbaren negativen Erfahrungen lernt: Es erscheint ihnen für die Gemeinde ebenso unerträglich, sich an die Weisungen des Bischofs und des Pfarrers gebunden fühlen zu sollen.

Jeder soll befugt sein, jeder soll dem anderen gleich sein, jeder soll nach eigener Maßgabe die Gestaltung des Gemeindelebens, der hl. Messe anberaumen können – und sie schauen auf eine andere Wandergruppe durch die Wüste, die evangelische Kirche, und beginnen, sich nach den Gepflogenheiten dort auszurichten, weil dort die Gleichheitsideologie schon viel mehr Fuß gefasst hat, so dass man in den Oasen Jahrmärkte der Möglichkeiten eröffnet, auf denen nun wirklich alles möglich wird:

Abendmahl mit Erbsensuppe statt Messwein – wie jüngst in Hamburg geschehen –, mit Fladenbrot statt der gewandelten Oblate, Tschingderassabum um den Altar, Laienpredigt, Frauenpriestertum, Segnung von Lesben und Schwulen, auch von Tieren, je toller, um so gehätschelter – aber dennoch mit dem niederschmetternden Ergebnis, dass das ganze Unternehmen das große Ziel aus dem Auge verliert und vom Weg bewusst abweicht, so dass immer mehr Leute doch misstrauisch werden und sich davonmachen.

Aber bei vielen aus dieser buntgemischten Gruppe mit Angehörigen beider Konfessionen entsteht keine Einsicht durch die negativen Erfahrungen – im Gegenteil, es beginnt sich mehr und mehr die Meinung durchzusetzen, dass es ganz unnötig sei, das alte Ziel weiter zu verfolgen. Der Weg der alten Kirche sei lang und beschwerlich. Es reiche aus, eine Oase nur zu fröhlichem Genuss-Glauben umzufunktionieren und darauf sitzen zu bleiben. Die Voraussetzung bestünde allein darin, die Standarte, d. h. das Glaubensbekenntnis, zu kappen und statt dessen eine neue zu errichten, auf der lediglich stünde: «Seid nett zueinander».

Dieser Sache, die schließlich in der Gruppe der Meuterer sogar Einstimmigkeit erzielte, war freilich ein endloses Palaver vorausgegangen. Hier waren plötzlich jede Menge Einpeitscher in der Kirche aufgetaucht. Sie gaben vor, klug und weise zu sein und die Heilige Schrift sehr genau studiert zu haben; aber sie brachten ihren Zuhörern weniger tiefgreifendes Wissen, statt dessen aber jede Menge intellektueller Zweifel bei:

Bitteschön, wo wir heute so aufgeklärt sind: Wie soll denn ein Mensch aus einer *Jungfrau* hervorgehen?

Und wo wir heute so grundlos gelernt haben, dass Männer und Frauen gleich sind, wieso bekennen wir uns zu einem Gott-*Vater* und nicht zu Gott-*Mutter*? Und wieso kann Christus überhaupt Gottes Sohn und unser Herr sein, wenn er sich in den Himmel davonmacht, während der Karawane weitere Wüstenwanderung bevorsteht?

«Wieso, das ist doch gar nicht plausibel?» empören sie sich und machen Vorschläge für eine neue Kirche: ohne Sakramente, ohne das Festhalten am Glaubensbekenntnis, ohne «Drohbotschaften» von einem wiederkommenden Gott, der die Lebenden und die Toten sogar richten wird!

Die lauten gelehrten Herren und Damen wissen, dass das überholt, dass das unglaubhaft ist und deshalb dringend abgeschafft werden sollte. Sie brechen deshalb ohne Vorrat und ohne Lasttiere auf; denn sie haben eine Fata Morgana im Blick, die sie in allernächster Nähe wähnen: Ein irdisches «one-world»-Schlaraffenland für alle, ein irdisches Friedensparadies, wo nur noch geliebt und getanzt wird, wo man den Tag genießt, sich amüsiert und lebenssatt in den eigenen Tod sinkt.

Aber dieses Unternehmen ist nun schon im Begriff, zu einem Auszug von blind-hörigen Kindern zu werden, die dennoch angeführt – obgleich jegliche Notwendigkeit von Führung ihnen doch ausgeredet wurde –, mit den unentwegt jaulenden Rattenfängern an der Spitze im Nirgendwo verschwinden.

Das will sagen: Unsere arme Kirche ist bis in ihren innersten Kern angefochten. Moderner Zeitgeist maßt sich an, ihr Grundwesen – das der heiligen Hierarchie in der heilsamen Nachfolge von Jesus Christus, als dem Gottessohn und Erlöser – in Frage zu stellen.

Ja, sie ist bereits in sich zutiefst gespalten, weil mit Hilfe des sogenannten «Marsches durch die Institutionen» über die Universitäten, Schulen und Priesterseminare der Geist des Atheisten Karl Marx in die Kirche eingedrungen ist und sie zersetzt hat.

Offen widersetzen sich ganze *Gruppen* (man denke nur an die Erklärung der Arbeitsgemeinschaft Jugendpastoral (AGJP) der Orden vom September 1994 in Meschede oder an die Sex-Spiele des BKJ) gegen das so liebevoll warnende lehramtliche Schreiben des Papstes (Veritatis splendor; Glanz der Wahrheit).

Immer mehr Pfarrgemeinderäte sehen sich befugt, die Kompetenz des Pfarrers zu entmachten – und bewirken so allzuoft nicht etwa nur ein Interregnum, sondern eine Umverteilung der Macht auf einige Laien, die sich bewusst in den Dienst der Bemühung stellen, die Gesellschaft zu einer sozialistischen zu verändern.

Wehrt sich ein Pfarrer gegen diese Umfunktionierung seiner Gemeinde, so gerät er – oft mit Hilfe der örtlichen Presse – leicht ins Abseits. Man tschilpt ihn als «militant», als «halsstarrig», als «unzeitgemäß» aus, so dass dem Bischof nichts anderes einfällt, als einen Stellenwechsel vorzunehmen. Ja, überhaupt die Bischöfe. Sie stehen nackt und bloß im Scheinwerferlicht jederzeit schussbereiter Medien – und wenn sie in dieser Situation ein starkes, ja sogar ein *kritisches* Wort zu den Missständen sagen, werden sie unisono verlacht und müssen dann auch noch damit rechnen, von ihren Kollegen eher getadelt als beschützt zu werden, mit dem Argument, dem Ansehen der Kirche zu schaden, wenn man sich nicht bedeckt hält. Wenn das nicht Wüste und Wüstenstürme für unsere arme Kirche, für uns Gläubige mit, bedeutet!

Müssen wir die Hoffnung aufgeben? Oh, nicht im mindesten; denn unser Oberhirte wankt schließlich glücklicherweise mit keinem Schritt; er ist wirklich ein Fels in der Brandung – wir sollten nur so klug sein, im Schutz seiner Führung zu bleiben!

Aber selbst wenn es die Fata-Morgana-Geblendeten zu einer Spaltung kommen ließen, selbst wenn nur eine kleine Schar Standfester übrig bliebe, ist es gewiss, dass sie das angepeilte Ziel erreichen wird; denn die Wahrheit siegt eben langfristig doch. Lügengeist hat sich immer in der Geschichte als der mit den kürzeren Beinen erwiesen!

Denn es ist ja nicht wahr, dass die Menschen ohne Hierarchie auskommen können! Unser ganzes Leben ist hierarchisch geordnet – schon in der Geschwisterschar der Familie ist das erwiesen! Der Mensch ist auf Nachahmung hin angelegt, er ist der Vorbilder bedürftig, von denen er lernt und sich hinaufentwickelt.

Das Marxsche Modell, die Menschen nach Rasenmähermanier auf die gleiche Länge zu stutzen, bedeutet allemal Vergewaltigung der menschlichen Natur, von seiner besonderen Würde ganz abgesehen.

Deshalb schreibt Friedrich Romig zu Recht:

«Die Kirche repräsentiert seit 2000 Jahren das Höchste, das überhaupt präsentiert werden kann: Gott und den Gott-Menschen.

Wie schafft sie das – jetzt schon so lange gegen all die Feinde von innen und aussen, gegen den Geist der Zeiten? Die Antwort heisst: Sie hat keine demokratische, sondern eine hierarchische Verfassung! Und eben hierdurch ist sie eine Societas perfecta, Modell und Archetypus für alle Gemeinschaften.»

Es ist deshalb auch nicht wahr, dass Männer und Frauen gleich sind und deshalb kirchliche Funktionen gleich gut ausüben können. Jedes Geschlecht hat besondere Begabungen und Schwächen. Mann und Frau sind komplementär auf Ergänzung angelegt.

Und es ist auch nicht wahr, dass die Freiheit des Menschen grenzenlos ist. Er ist ein *Geschöpf*, eingebunden in die Schöpfungsordnung, die er nicht einfach für nicht existent erklären kann, ohne binnen kurzem auf die Nase zu fallen. Die Luft- und Wasserverschmutzungen zeigen uns das ebenso an wie die Pille und andere Chemie.

Und erst recht steht eine oberflächliche Überheblichkeit hinter der neumodischen Dummheit, des Glaubensbekenntnisses, der Zehn Gebote und der Sakramente nicht mehr bedürftig zu sein; «Glaube ja – Kirche nein», heisst es dann kühn – so, als ob es für jeden von uns das einfachste von der Welt wäre, ohne die Pflege des Glaubens an Christus in der notwendigen, uns zugesagten Gottesnähe zu bleiben; als wenn wir es auch hier schafften, in einer «splendid isolation» mit der Bibel durchs Jahr zu gehen!

Und noch viel weniger schaffen wir es dann, uns binnen kurzem im besten Fall nicht anders zu verhalten als die Tiere: indem wir unsere Eigenversorgung, unser eigenes Ich zum Zielpunkt unseres Lebens machen – mit all den trivialen Folgen: Ellenbogen gebrauchen, um die besseren Futterplätze konkurrieren, die anderen wegbeissen – schon ganz und gar die, die aus der Reihe tanzen.

Christ sein heisst deshalb als erstes einmal zu erkennen, wie elend all dieses mein Handeln ist: nicht königlich, sondern schwach, rückfällig; immer wieder hinter dem Anspruch, sich menschlich zu verhalten, zurückbleibend; Christsein heisst deshalb als zweites zu erkennen, der Rettung, der Erlösung, der Orientierung, der Führung bedürftig zu sein.

Und *dann* können wir auch erkennen, was die Offenbarung des Neuen Testamentes bedeutet: nämlich Erlösung von dieser Gefangenschaft, die uns das Kreatürliche aufnötigt, durch den uns von Christus vorgelebten Geist einer sich absolut entäussernden Liebe bis zum Opfertod am Kreuz.

Die Standarte unseres Glaubensbekenntnisses sagt aus: «Dieser Gott ist euer Vater. Allmächtig ist er und deshalb in der Lage, die Naturgesetze zu überschreiten. Er zeigt das auch durch das absolut übernatürliche Leben des Jesus von Nazareth: Er tritt aus einer Jungfrau in dieses Leben ein, Er tut Wunder, Er erweckt drei Tote zum Leben. Er erscheint nach seinem Tod als der auferstandene Gott seinen Jüngern. Er beweist so die übernatürliche Art seines Seins; eine übernatürliche Form von Liebe, zu der wir durch dieses Vorbild aufgefordert werden, denn sie ist in uns als Gottesgeschenk dargebracht.

Christlicher Glaube ist stimmig, die Lebenstaten von Jesus Christus beweisen das – Glaube ist eine Aufforderung zur Orientierung an *Ihm,* die gleichzeitig die Möglichkeit enthält, unser Versagen durch Sein Angebot in Beichte und Eucharistie zu bereinigen – ein Geschenk, das dankbar macht und zu beglückender Anbetung führt.

Eine Kirche, die in diesem Geist bleibt, wird geradlinig und geduldig durchhaltend den derzeitigen Durchzug durch die Wüste bestehen; das ist ihr von Gott als Lohn ihrer Treue zugesagt.

Sie wird aber auch in absehbarer Zeit wieder mehr Zulauf bekommen, unter der Voraussetzung, dass sie sich ihre Standarte, das Glaubens-Bekenntnis, die Heilige

Messe und die Verehrung der Gottesmutter nicht rauben lässt; denn immer mehr Menschen werden – in der Wüste allein auf sich gestellt – erkennen, dass es Hybris ist, dieses Leben ohne Glauben, ohne die Kraftspendung und den Schutz der Kirche bestehen zu wollen.

Es werden – je höher der Pegel der Not steigen wird, in welche die Abgeirrten, die Verführten geraten – immer mehr Menschen daraus lernen wollen und neu den Schutz der großen Karawane suchen.

Und von ganzem Herzen hoffe ich, dass die großen Hirten, die heute immer wieder versuchen, sich vor dem Ansturm des Zeitgeistes zu verstecken, um die ihnen Anvertrauten nicht zu irritieren oder durch Konfrontation zu überfordern, spüren, dass die Stunde auch dieses geschlagen hat: dass ihnen das tapfere offene Nein gegen Auswüchse und Verführungen abverlangt wird und dass der getreuliche Zusammenhalt mit dem so schwer kämpfenden und doch so unerschütterlich getreuen Ältesten der Karawane Kirche, dem Papst, dem Kirchenvolk erkennbar gemacht wird.

Wir sollten unerschrocken treu zur Kirche halten, Anfechtungen durch den Sirenengesang des Zeitgeistes abwehren, ihn mit christlicher Klarsicht entlarvend durchschauen und uns auf das tröstliche Wort unseres Herrn verlassen:

«In der Welt habt ihr Angst – doch seid getrost:
Ich habe *(für Euch)* die Welt überwunden!»

Ursache des Niedergangs: Glaubensverlust

Immer mehr Jugendliche tendieren zu immer mehr und immer brutalerer Gewalt. Sie rotten sich zu radikalen Banden zusammen. Zu den sogenannten linken Autonomen kommen – besonders seit der Wiedervereinigung – zunehmend die sogenannten rechten Skinheads; aber auch ohne jeden politischen Touch gibt es in zunehmendem Maß verwahrloste Gruppierungen mit nur losem Bandencharakter, die auf Randale aus sind oder gar auf Stehlen und Einbrechen.

Oft ist bei den Aktionen Alkohol im Spiel. Und das ist nicht im mindesten verwunderlich, sind doch in der BRD 200'000 von den 11 – 21jährigen bereits alkoholabhängig.

Auch Drogen sind bei der Radikalisierung beteiligt – haben doch drei Viertel der bundesdeutschen Jugendlichen Alkohol-, Nikotin- und Hascherfahrung. Und die Zahl der Erstkonsumenten harter Drogen hat sich in der letzten Zeit verdreifacht. Die neue Droge Ecstasy – *die* Disco-Pille von 1996 – schädigt laut Deutschem Ärzteblatt schnell, radikal und nachhaltig. Manche Jugendliche starben bereits daran. Die Perversion der Pädophilie boomt. 300'000 Kinder und Jugendliche werden Jahr um Jahr sexuell missbraucht. Der Pornomarkt bildet dazu die Voraussetzung.

Über die Ursachen mag ich heute, 1996, nur noch mühsam schreiben. Auch mir wäre es lieber gewesen, dass mein Fachwissen und mein Menschenbild falsch gewesen wären, die hinter meinen Prognosen von 1970 für die neunziger Jahre und den entsprechenden Warnungen standen. Aber leider ist alles – auch schon bis 1989, also bereits ohne den Zuwachs der ehemaligen DDR – eingetreten.

Doch nun das Unfassliche: Obgleich die gefährliche Entwicklung auf der Hand liegt, lässt sich keine fundamentale Trendwende, sondern allenfalls ein Debattieren über oberflächliche Maßnahmen ausmachen. Haben wir unseren gesunden Menschenverstand eingebüßt? Sind wir unfähig geworden, aus Erfahrungen zu lernen – diesem Urprivileg des menschlichen Gehirns? Verhalten wir uns wie Lemminge? Warum lernt man nicht aus der Erfahrung, dass Kinderschänder in hohen Prozentsätzen zu Rückfalltätern werden? Wie ist das Gerichtsurteil aus Karlsruhe zu verstehen, dass Hasch in kleinen Mengen nicht strafbar sei, und dann die Folgetat eines Lübecker Richters, der 4 kg Haschbesitz als «kleine Menge» einstuft? Obgleich sich jetzt doch zeigt, dass Haschischgebrauch neben der Minderung der intellektuellen Leistung u. U. sogar Schizophrenie auslöst?

Die Medienkommentare z. B. zu den hochbrandenden Wellen der Gewalt greifen zu kurz: Arbeitslosigkeit oder böse Ausländerfeindlichkeit werden als Verursacher angesehen. Neuerdings sind «Verbot», «Strafe», «Schärfe des Gesetzes» keine Reiz- und Tabu-Worte mehr. Neuerdings tauchen angesichts des Booms der Sexualdelikte wie aus der Versenkung sogar «Law and Order» wieder auf und werden selbst von jenen Medienmächtigen, die bis vor kurzem noch zu den fanatischsten Befürwortern abzuschaffender Staatsgewalt gehörten, vollmundig gutgeheissen.

Aber wir dürfen doch bilanzierend nicht bei oberflächlichen Ursachentheorien stehen bleiben – in einer ähnlich unbelehrten Weise, wie wir das aus den Krawall- und Terrorzeiten der siebziger Jahre bereits kennen. Es müsste vielmehr die Wahrheit auf den Tisch: dass wir eine geistige Umkehr brauchen, dass die Maßlosigkeit des Machens eingrenzenden Maßnahmen weichen müsste, zu einem Suchen nach neuem Maßstab. An Erfahrungsmaterial, um ihn zu finden, fehlt es uns nicht.

So hat das Bundesamt für Verfassungsschutz bereits Ergebnisse über die Skinheads bekannt gegeben. Danach gibt es in der in der BRD 20'000 Skinheads, davon 4'200 «extrem gewaltbereite». Sie sind zwischen 18 und 25 Jahre alt, zu 95% einstige Haupt- und Sonderschüler, oft mit abgebrochener Handwerkslehre. Sie kommen – so der Bericht – meist aus «äusserst gestörten Familienverhältnissen». Besonders viele haben alleinstehende Mütter. Es ist wesentlich, diese so augenfällige Gegebenheit endlich ganz ernst zu nehmen, sie nicht herunterzuspielen und das Phänomen nicht an den Anlässen, an den politischen Auslösern, festzumachen, die zeitbedingt den Unruhestiftern nun gerade besonders erfolgversprechend zu sein scheinen.

Es hat keinen Sinn, angesichts der hochschnellenden Kriminalität besonders solcher Gruppierungen nach einem dafür verantwortlichen Gen zu suchen (wie es z. B. wieder modern wird), um sich der eigenen Verantwortung zu entledigen. Es müsste doch in den Industrieländern eine Genexplosion stattgefunden haben, wenn das wahr wäre. In Deutschland geschieht jetzt alle drei Stunden ein Mord, und die Gesamtkriminalität (zu 60% Diebstahl) hat sich 1995 auf die horrende Zahl von 6'700'000 Straftaten entwickelt, obgleich die Bagatelldelikte seit Jahren bereits von der Statistik ausgegrenzt werden. Wurde unsere Republik in eine solche Maßlosigkeit hineinmanipuliert?

Unzweifelhaft hängt hier vieles miteinander zusammen. Etwa von der Mitte der sechziger Jahre ab geriet die ihr Wirtschaftswunder genießende Bundesrepublik in zwei Strömungen, die ihre innere Entstaltung vorantrieben: Von den USA her strömte mit der Propagierung der antiautoritären Erziehung und der Erfindung und Freigabe der Antibabypille eine Verabsolutierung der Liberalität ein, deren Protagonist hierzulande der Philosoph Herbert Marcuse auf dem Frankfurter Lehrstuhl wurde. Seitdem ist erlaubt, was jedem einzelnen gerade gefällt.

Gleichzeitig wanderten aus der DDR – wie wir heute wissen – geschulte Marxisten ein mit dem gezielten Plan, die westliche Gesellschaft für einen marxistischen Umbruch vorzubereiten, und zwar durch einen «Marsch durch die Institutionen» – mit dem Ziel zu vernichten: die Familie, die Kirchen und ganz gewiss auch den Staat. Anarchie war angesagt, um mit dem Mittel der Entmachtung jeglicher Mächtigen einst das ersehnte Arbeiterparadies aller Gleichgemachten zu erwirken. Der Hebel setzte deshalb mit bösem Sinn an den Universitäten an und brachte die sogenannte Studentenrevolte hervor, wobei die Verführten, die darin so etwas wie einen antiamerikanischen Protest und eine späte Zusatzreinigung vom Dritten Reich sahen, nicht im mindesten begriffen, dass sie ebenfalls auf Zersetzung sinnenden Manipulationen aufsaßen.

Der 1969 zur Macht gekommene Willy Brandt – 1972 direkt vom KGB als Bundeskanzler noch einmal für zwei Jahre verlängert und dann zugunsten von Helmut Schmidt entmachtet – schwenkte voll auf die linke Linie ein, statt sich gegen die destruktive Strömung abzugrenzen. Jetzt wurde plötzlich die sogenannte emanzipatorische Pädagogik aus dem Boden gestampft, in deren Mittelpunkt eine Erziehung zum Ungehorsam gegen jegliche Autorität stand. 1976 ließ die (SPD)-Familienministerin Katharina Focke z. B. eine damals gänzlich unbekannte Professorin, Ursula Lehr, federführend den sogenannten Zweiten Familienbericht schreiben, in dem es hieß, die Familie müsse «aufgebrochen» und bereits das Kleinkind «aus der Familie herausgebrochen werden».

Die Bemühungen um die frühe Kollektivierung der Kinder, die nachhaltige Verächtlichmachung der Eltern, die Laisser-faire-Devisen und die Propagierung der Berufstätigkeit auch der jungen Mütter hatten eine verheerend verwildernde Wirkung auf die junge Generation. Eine Säule dieses Programms bildete die Sexualisierung der Kinder mit der absurden Aussage, dass Sexualität vom Säuglingsalter ab eingeübt werden müsse, um zur Vollblüte zu gelangen, eine manipulatorische Idee der Seelenzerstörung, die durch den schon bald eingeführten Sexualkundeunterricht in der Schule die sexuelle Betätigung vom Jugendalter ab und damit die viel zu frühe Entbindung aus den Familien vorbereitete, mit dem Ziel, ein «revolutionäres Potential» für die «Gesellschaftsveränderung» zu erstellen.

Das gelang auch weitgehend und kostete ungezählten jungen Menschen die seelische Gesundheit, manchmal auch das Leben, und bewirkte in den Familien Ströme von Leid. Der Marsch durch die Institutionen konnte mit dieser gekonnten Strategie zügig voranschreiten und ist heute erfolgreich abgeschlossen, weil mittlerweile die Geisteswissenschaften auf den Universitäten (vor allem die Pädagogik) mit zerstörerischen Gedanken durchtränkt sind.

Da es sich dabei aber um eine Ideologie handelt, die von einem falschen, unrealistischen Menschenbild ausgeht, da auf diese Weise die hoch entwickelte deutsche Pädagogik zum alten Eisen geworfen wurde, strömt jetzt über die Schule weiterhin eine der Realität nicht standhaltende Weltsicht auf die junge Generation ein. Im Mittelpunkt steht im Bildungswesen heute nicht mehr das Menschenbild des Christentums mit Zielen wie dem Leben als Auftrag für Gott und Dienst für den Nächsten, der Ausrichtung am Höchstwert der Liebe und dem Nacheifern von überzeugenden Vorbildern und Geisteshaltungen, sondern das utopische Ziel eines entpersönlichten Menschenmaterials zwecks Gewinnung einer fortgesetzt fluktuierenden Einheit aus gleichgemachten Funktionsträgern. Diese Utopie hat sich nun freilich im Osten als absolut zerstörerisch, als undurchführbar, als brutal machterzeugend erwiesen, so dass nichts nötiger wäre, als diese Zusammenhänge aufzudecken und sich von ihren Auswirkungen so rasch und so tiefgreifend wie möglich zu reinigen.

Der Marsch durch die Institutionen konnte aber vor allem so durchschlagend greifen, weil er auf eine Generation stieß, die vom Wohlstand geistlich in ihrem Glauben geschwächt war, die durch das erstarkende Fernsehen einer mächtigen Manipulationsmöglichkeit ausgesetzt war, aber auch, weil die Künstlichkeiten in den Gepflogenheiten der Kinderpflege und -erziehung bereits ein Potential an verhaltensgestörten Kindern und Jugendlichen produziert hatten, das sich als besonders leicht manipulierbar erwies. (Über die psychischen Gefahren unnatürlicher Pflege von Säuglingen und Kleinkindern siehe vor allem: Christa Meves, «Mut zum Erziehen», Seite 103 ff., Christiana-Verlag 1995)

Viel zu wenig war das breite Erfahrungsmaterial beachtet und ausgewertet worden, das in der Arbeit der Kinder- und Jugendpsychologie und Psychotherapie lange schon zu strukturellen Erkenntnissen über die Gefahren einer kollektiven Fehlentwicklung auf einem solchen Nährboden geführt hatte. Die *Verwöhnung* mit Materialien, die *Maßlosigkeit* des darauf wuchernden Egoismus, die Leichtfertigkeit der sieben fetten Jahre verbanden sich mit dem manipulierten sozialistischen Anspruchsdenken.

Die «Wut im Bauch» der Skinheads, der Punker, der «Autonomen» heute (oder wie sie sich nun auch nennen mögen), ist nicht die plötzliche Ausgeburt einer mehr oder weniger komplizierten äusseren Situation in unserem Land. Sie ist vielmehr (wie ein allmählich mit Pulver angefülltes Fass) in der Seele der jungen Menschen – mit ihnen wachsend – entstanden. Diese ihre Seele litt – oft bereits von Anbeginn an – seelischen Mangel. Die lebensnotwendigen Bedürfnisse nach Geborgenheit, nach Angemessenheit in der Pflege und Betreuung fehlten. Und das führte zu Teufelskreisen von globaler Abwehr der Kinder und Unangemessenheit der Reaktionsformen bei den Erwachsenen. Die egoistische Maßlosigkeit des übersteigert liberalistischen Atheismus erzeugte eine generelle Bindungslosigkeit und damit den Geburtenrückgang und den Scheidungsboom.

135'000 unmündige Kinder werden in der BRD pro Jahr zu Scheidungswaisen – manchmal nach Jahren des Erlebens elterlicher Zerstrittenheit (es gibt hierzulande an die drei Millionen Alkoholkranke, 6.5 Millionen haben darüber hinaus Alkoholprobleme, und viele von ihnen haben Kinder, die unter den Streitigkeiten und Süchten ihrer Eltern unermesslich leiden). Scheidungswaisenschicksal führt – das lässt sich von keinem unideologisierten Fachmann mehr bestreiten – kaum einmal nicht zu schwerer Bedrückung, zu Gefühlen der Zerrissenheit, auf jeden Fall zu psychischer Beeinträchtigung der Kinder.

«Wut im Bauch» als Signal der Enttäuschung, der Verlassenheit und Verlorenheit ist nur allzuoft das Ergebnis. Wut aber drängt unweigerlich nach Entladung, im männlichen Geschlecht umso mehr, als die Pubertät mit der Geschlechtsreife die Schwelle für handgreifliche Aggression senkt. Und das alles geschieht um so leichter, je mehr gerade vernachlässigte und bedrängte Kinder zu Dauerfernsehenden werden und dort mit negativem Vormachen geradezu bombardiert werden.

Seit 50 Jahren haben wir in der Psychopathologie schließlich unabweisbar Kenntnis darüber: Kinder ohne konstante persönliche Betreuung durch ihre Mütter – besonders in der frühen Kindheit – entwickeln zu erheblichen Prozentsätzen im Erwachsenenalter typische seelische Beeinträchtigungen: Resignierte Passivität, fehlendes Durchhaltevermögen und Suchtneigung einerseits, Habgier, Neid und aggressive Raublust andererseits. Die Risikoentwicklung der Kinder, die in kollektivierenden Heimen groß wurden, die Entstehung von psychischer Verwahrlosung bei häuslich vernachlässigten Kindern hatte im Westen die Erkenntnis längst erhärtet, und sie ließ sich mittlerweile durch viele weitere Untersuchungen besonders in Ungarn und in der Tschechei und durch eigene Praxiserfahrung untermauern.

Kinderkrippen, Kindertagesstätten, Ganztagsschulen, Internate für zu junge Kinder können seelische Schäden hervorrufen, die die Arbeitsfähigkeit und Soziabilität im Erwachsenenalter beträchtlich einschränken. Und sind sie erst einmal eingebahnt, so sind sie schwer revidierbar, so hieß bereits vor dreissig Jahren die wissenschaftliche Bilanz der Psychotherapie. Aber über diese wissenschaftlichen Erfahrungen wurde in den westlichen Medien in der vergangenen 25 Jahren kaum informiert, ja, sie wurden als rückständig, «konservativ» und als «rechts» verteufelt.

Erkenntnisse dieser Art führten in Deutschland zwar immerhin ab 1984 zur Einführung eines Babyjahres durch die CDU-Regierung und eines schließlich auf drei Jahre aufgestockten Erziehungsurlaubs, aber das waren noch zu wenige und zu isolierte präventive Maßnahmen der zuständigen Ministerien. Der Schwerpunkt wurde auf eine die Finanzen schwerst strapazierende Aufstockung therapeutischer Einrichtungen gelegt, die freilich (wie vorauszusehen war) nur spärliche Erfolge zu verzeichnen haben.

Die so dringend notwendige geistig-moralische Wende, die Umkehr zu zeitlosen Maßstäben als Erfahrungsbilanz der Jahre wilder Maßlosigkeit blieb auch nach dem Regierungswechsel von der sozial-demokratischen zur christ-demokratischen Partei von 1982 aus.

Aber wir im Westen werden langfristig unsere Prosperität nur erhalten können, wenn wir an den Erfahrungen klug werden, d. h. vor allem, den Belangen der Mütter, der Familie mehr Geltung verschaffen. Das ginge gewiss nur, wenn man z. B. Mutterschaft zu einem hochgeachteten, vollgültigen Frauenberuf erhöbe, d. h., wenn man das Mutter-Sein zu einem erlernbaren Beruf erhöbe, den Müttern ein Gehalt zahlte und einen Rentenanspruch festschriebe.

Die jüngsten Bemühungen des CDU-Familienministeriums sind zwar ein Silberstreifen am Horizont, aber sie allein werden es nicht ermöglichen, dass es für mehr Frauen wieder attraktiv wird, den eigentlich wertvollsten aller Frauenberufe zu ergreifen. Denn es kann ja nicht allein darauf ankommen, nur wieder mehr Kinder in die Welt zu setzen, sondern wir müssen durch die Reanimierung glücklicher Familien dafür Sorge tragen, dass unser hoher Pegel von 8-10 Millionen psychisch kranker Menschen sich durch gezielte, durchgreifende, vorbeugende Maßnahmen verringert.

Dazu gehört meines Erachtens auch, dass in Familien mit mehreren Kleinkindern überforderten Müttern vom Staat bezahlte Familienhelferinnen zur Verfügung gestellt werden und dass Umschulungen und Fortbildung für ältere Mütter zum Wiedereinstieg in einen ausserhäuslichen Beruf jenseits der Familienphase forciert werden.

Aber nicht nur gekonnte Einbindung der Kinder in intakte Familien wäre notwendig, um einer weiteren Neurotisierung und Manipulationsmöglichkeit vorzubeugen. Unbedingt müsste der zur Zeit extrem hochbrandende Sexualisierungsboom der Jugend gestoppt werden. Da geschieht z. Z. eine Eskalation, sogar mit Hilfe und Subvention des Staates in Aufklärungsheften. In der Zentralstelle für gesundheitliche Aufklärung in Köln – sie arbeitet im Auftrag des Gesundheitsministeriums in Bonn – wie auch von der Gesundheitsbehörde in Mainz wurden Hefte herausgegeben, die Verführung zur Promiskuität und Homosexualität bedeuten.

Auf die dort abgedruckte Frage eines oder einer Jugendlichen: «Wie lange soll man miteinander gehen, bevor man intim wird?», antworten die Verfasser: «Es gibt da kein Muss. Macht das, was euch Spaß macht, dann, wann ihr wollt. Euer Gefühl zählt.» (S. 8)

Auf diese Weise wird der ungezügelte Sexualverkehr Minderjähriger, auch mit wechselnden Partnern, staatlich sanktioniert. Die Botschaft, die das Sex-Heft den minderjährigen Lesern vermittelt, lautet also: «Macht, was euch Spaß macht!» Oberster Zweck der Sexualität ist der Lustgewinn – und das im Aids-Zeitalter!

Begriffe wie Treue, Verlässlichkeit, Verantwortungsbewusstsein, Selbstbeherrschung kommen in diesen Heften nicht vor. Die im Grundgesetz geforderte Achtung der von der Verfassung vorgegebenen Wertentscheidung für Ehe und Familie verlangt eine Erziehung, die die Jugendlichen fähig macht, eine Ehe zu führen, in der die Partner füreinander da sind, sich füreinander verantwortlich fühlen und sich darauf verlassen können, dass der Partner sie nicht im Stich lässt, wenn sie ihn brauchen.

Stabile familiäre Bindungen sind die Voraussetzung dafür, dass die Kinder jenes Grundvertrauen gewinnen, das sie brauchen, um im Leben zurechtzukommen. Sollen die Jugendlichen absichtlich daraus entbunden werden?

Es gilt zu erkennen, was bei unserer Jugend hier an Verderbnis ihrer Seelen geschieht! Und das Ganze wird nun noch unterfüttert durch dämonische Musik (in Discos, Rock-Festivals und aus dem «Walkman»), die den Verstand vernebelt und die Gefühle hochputscht – und die Ohren (und auch die Seele) taub werden lässt, verstärkt durch das Angezogenwerden von all dem Geglitzer der New-Age-Bewegung, hinter der so oft Verführung zum dämonischen Okkultismus versteckt ist.

Die Gruppe AC DC brüllt: «... Ich bring dich in die Hölle, ich krieg dich schon. Satan kriegt dich.» – Und Black Sabbath schreibt auf einer Plattenhülle: «Und du armer Narr, der du diese LP in den Händen hältst, wisse denn, dass du mit ihr deine Seele verkauft hast, denn sie wird schnell in diesem höllischen Rhythmus, in der teuflischen Kraft dieser Musik gefangen sein.»

Seit der weitgehenden Freigabe der Pornographie in der Strafrechtsreform von 1976 ist zudem ein verheerender Pornomarkt entstanden, der manchen Mann sexualsüchtig, ja nur allzuoft pervers sexualsüchtig gemacht hat – in maßlos gewordener Unerträglichkeit. Wie notwendig ist hier Einsicht in die Schwäche des Menschen, wie notwendig eine Rückkehr zum zeitlosen Maß!

Was mehr sollte hier geschehen? Zunächst einmal müssen wir erkennen, dass das Christentum sich einmal mehr als die Wahrheit erwiesen hat. Es geht nicht ohne die Liebe, nicht ohne die Opferbereitschaft, nicht ohne eine verbindliche Norm wie die Zehn Gebote. Dazu müssen wir uns aber auch bekennen – tapfer, klar, kompromisslos.

Wir müssen für das Bessere, das Richtigere, für die Wahrheit kämpfen! Jeder von uns sollte bemüht sein, daran mitzuwirken, dass die diabolische Fehlerziehung unserer Kinder nicht mehr so allgemein praktiziert wird.

Wenn Jugendliche dem seelenzerstörenden Sumpf widerstehen sollen, dann brauchen sie unabdingbar die sich intensiv und liebevoll um sie mühenden Eltern und Erzieher. Dies erfordert Interesse: Dazwischensein, das bedeutet Verlässlichkeit. Der Mensch wird ohne eine gelungene Bindung an zwei, drei konstante Bezugspersonen kein Bindungsfähiger; er bleibt ein Schwacher. Und Schwäche dieser Art ist heute schon nicht mehr ein kleines verborgenes Schlupfloch für das Böse und den Bösen, sondern mittlerweile so groß wie ein offenes Scheunentor.

Allen Mätzchen zur Vorbeugung gegen die Süchte, wie unsere Regierung sie zur Zeit anberaumt, müssen eine nutzlose Geldverschwendung bleiben, wenn sie nicht auf seelisch starke, hörfähige und verantwortungsbewusste Jugendliche treffen. Erziehung zur seelischen Gesundheit durch den Volleinsatz der Eltern bleibt deshalb die erste Voraussetzung zu allem Weiteren.

Das Wissen um die Notwendigkeit der Erfüllung der seelischen Grundbedürfnisse des Kleinkindes nach Geborgenheit muss als Zweites durch ein vorbildliches Leben der Eltern bestärkt werden, durch eine Bemühung um liebevolles eheliches Miteinander, ein Bemühen um Fernsehaskese der Erwachsenen selbst, ein Bemühen um einen Lebensstil, der das Kind zum Nachahmen des Guten statt des Bösen anregt, ein Erziehungsstil, der Gewalt vermeidet und zum täglichen Gebet anleitet.

Das ist ein Stil, bei dem man sich intensiv spielend, lesend, erzählend mit den Kindern wirklich beschäftigt, bei dem man sich ihrer Seele zuwendet, statt immer von einer Massenfreizeitbetätigung zur anderen zu jagen. Das ist freilich auch Fahnden nach der Ausbildung einer Begabung vom Grundschulalter ab – ein Sport, Lernen eines Musikinstrumentes. Tierhaltung kann hier von größtem vorbeugendem Wert sein. Streng sollte man die dämonische Musik vermeiden und die Kinder an klassische Musik, Volkslieder und Chormusik heranführen. Die Dämonie unserer Höllensongs ist bisher weitgehend unterschätzt worden.

Auf einer solchen Basis erwächst die Chance, dass die Jugendlichen auf ihre erwachsenen Vorbilder hören, dass die verbalen Informationen und Warnungen greifen – vor dem Raucherkrebs z. B., vor der allgemeinen Überschätzung unseres Willens, vor dem Drogen-Sog, vor Indoktrination und allen anderen Gefahren. Besonders nötig ist die Warnung vor der Frühsexualität. Aber auch hier muss den Jugendlichen vermittelt werden, wieviel mehr Unglück als Glück durch eine ungebremste Freizügigkeit entstanden ist. Statt desinformiert, müssen sie vor der tödlichen Folge einer HIV-Infektion gewarnt werden.

Eine Lösung unserer Probleme ist ohne Eingeständnis der grundsätzlichen überheblichen Kurzsichtigkeit, ja, Dummheit der Moderne nicht zu haben. Nur das Erfasstsein von der Erkenntnis der «schlechthinnigen Abhängigkeit» des Geschöpfes Mensch von seinem Schöpfer wäre in der Lage, diese Einsicht in vernünftige Überlebensstrategien umzusetzen; denn nur daraus ließe sich ein glaubwürdig gelebtes Wertsystem ableiten, in dem die Liebe und Dienstbereitschaft für Gott die höchste Priorität hätte.

Die Angelegenheit ist dringlich. Vom point of no return sind wir gewiss nicht mehr allzu weit entfernt, zumal die Zahl der seelisch Geschädigten, die uns aus der ehemaligen DDR zugewachsen ist, prozentual beträchtlich höher ist als im nur vom Kollektivismus angenagten Westen. Entscheidung wird unumgänglich. Entschließen wir uns hierzulande unter der Last der Beweise zur Umkehr, oder halten wir weiter mit all den scheinwissenschaftlichen Müllern der öffentlichen Meinung, die dem

Wolf eines oberflächlichen Zeitgeistes die Pfote weiss machen, am Selbstmordprogramm fest? Denn Sein oder Nichtsein – das ist hier die Frage.

Die Schlammflut ist mehr als haushoch. Allein mit unserer Kraft schaffen wir es nicht, unsere Kinder und Enkel davor zu bewahren, darin zu versinken. Wir sind wieder in einer Situation wie Reinhold Schneider sie für 1944 schrieb:

Allein den Betern kann es noch gelingen,
Das Schwert ob unsern Häuptern abzuhalten
Und diese Welt den richtenden Gewalten
Durch ein geheiligt Leben abzuringen.

Jetzt ist die Zeit, da sich das Heil verbirgt,
Und Menschenhochmut auf dem Markte feiert,
Indes im Dom die Beter sich verhüllen,
Bis Gott aus unsern Opfern Segen wirkt
Und in den Tiefen, die kein Aug' entschleiert,
Die trocknen Brunnen wieder sich mit Leben füllen.

Abendländische Besinnung ist not!

Es waren einmal drei jüdische Männer, die wurden nach der Eroberung Judäas durch Nebukadnezzar von ihm in einen Feuerofen geworfen, weil sie die heidnischen Götter nicht hatten anbeten wollen. Dort aber kamen sie wunderbarerweise nicht um, sondern sangen Gott ein Loblied, das in Auszügen hier wiedergegeben werden soll:

«Gepriesen und gelobt bist du, Herr, Gott unserer Väter; herrlich ist dein Name in alle Ewigkeit. Denn du bist gerecht in allem, was du getan hast. Alle deine Taten sind richtig, deine Wege gerade. Alle deine Urteile sind wahr... (Dan 3, 24-27)

Alles, was du uns geschickt hast, alles, was du uns getan hast, das hast du nach deiner gerechten Entscheidung getan. Du hast uns der Gewalt gesetzloser Feinde und gehässiger Verräter preisgegeben und einem ungerechten König... (Dan 3, 31f)

Überlass uns nicht der Schande, sondern handle an uns nach deiner Milde, nach deinem überreichen Erbarmen» (Dan 3, 42).

Aber nicht der glorreiche Ausgang dieser Geschichte scheint mir so ganz besonders gewichtig und übertragbar auf unsere augenblickliche Situation, sondern vielmehr ihr Anfang; denn nachdem Nebukadnezzar den unbeugsamen Bekennern den Feuertod im Ofen angedroht hatte, hatten sie bekundet: «Nur unser Gott, den wir verehren, kann uns erretten; auch aus dem glühenden Ofen und aus deiner Hand, o König. Tut er es aber nicht, so sollst du, König, wissen: Auch dann verehren wir deine

Götter nicht und beten das goldene Standbild nicht an, das du errichtet hast» (Dan 3,17-18).

Zu einer solchen Entscheidung werden wir heute geradezu herausgefordert; denn auch wir sind in den letzten dreissig Jahren von einem mächtigen König, einem Nebukadnezzar, erobert worden – erobert nicht wörtlich durch eine einzelne Person, nicht mit äusserer Kriegsgewalt, sondern vielmehr durch ebenso listige wie massiv durchschlagende geistige Verführungsfeldzüge, aber ebenfalls mit der Errichtung von Götzenstandbildern, wie Nebukadnezzar sie errichten ließ, nur anders, vielfältiger und undurchschaubarer; dennoch mit der gleichen Wirksamkeit: Umerziehung großer Menschenmassen zu einer uniformen Lebenseinstellung, der Anbetung von Götzen wie damals – und zwar mit einer derartigen Dominanz, dass es heute wie damals halsbrecherisch zu werden beginnt, sich ihnen *nicht* zu unterwerfen, sich nicht einzufügen in den uniform gemachten Strom dieses Zeitgeistes.

Die Götzen unseres Zeitgeistes haben verschiedene Namen, und doch sind sie allesamt an einem Hauptnenner zu erkennen: Sie bilden die *höchste* Instanz im Leben der Verführten, ihnen wird alles andere untergeordnet. Dieser Vorrang erst in der Einstellung der Menschen macht die Idole zu Abgöttern.

Als erstes ist da das Geld zu nennen. Es ist nicht nur im Kapitalismus an die Stelle des dreieinigen Gottes getreten – jeder Einzelne von uns ist in Gefahr, sich diesem Götzen, diesem goldenen Kalb zu verschreiben; denn unsere Wirtschaft setzt nun einmal erfolgreich (und das darf sie sein!) auf Wettbewerb, und wer sich die Ärmel hochkrempelt und seine Kräfte anspannt, der kann's da auch zu einigem bringen – aber es kann ihm eben auch erbringen den Sog nach immer mehr, die Fesselung an diesen Moloch, der die Freiheit nimmt und sich im süchtigen Gewinnstreben verliert.

Und da ist neben diesem Götzen ein weiteres Standbild entstanden: Der Götze des Ego, ein Moloch, den ich mir in der Gestalt eines aufgeblähten Frosches vorstelle, weil er sich überwichtig nimmt und nichts anderes mehr kennt als seine Überheblichkeit, seine quakige Überdehntheit mit seinen erquengelten Riesenansprüchen, seiner Unbescheidenheit, seiner Kälte gegen die anderen, seiner suchtartigen Devise: «Selber essen macht fett!» – ein besonders trivialer Götze, vielfältig aber angebetet heute um den Preis der Verflachung, um den Preis zunehmender Beschränktheit und einer Verkehrung des Unwichtigen zur Wichtigkeit, um den Preis einer trivialen Genusssucht (auch durch berauschende Gifte aller Art), ohne Rücksicht auf irgendwelche mitmenschliche Belange, um den Preis der Plattheit der Gedanken, die an das Materielle gefesselt sind – ganz nach Mephistos Aussage in Goethes Faust: «Staub soll er schlucken und mit Lust, wie meine Muhme, die berühmte Schlange.»

Der dritte Götze, der dem Menschen seine Freiheit raubt, wenn er sich ihm verschreibt, ist heute der Götze Sex – für ihn sind viele Standbilder errichtet worden, eines jüngst ganz direkt in Wien: ein Obelisk mit einem Kondom überzogen. Dieser Götze hat eine glänzende Fassade, allmächtig und prachtvoll ausgestattet wie die Hure Babylon – aber mit gigantischen krakenhaften Fangarmen, wenn man sich in den Dunstkreis ihrer Anbetung begeben hat: fesselnd an Sex-Sucht, Perversion, elende Getriebenheit bis zu Sadismus, Vergewaltigung und

Kindsmissbrauch, bis zum Untergang in physischer Erkrankung und Selbstmord, wie der Sexapostel Ernest Bornemann es uns jüngst nach 40 Jahren öffentlicher Verführung vorexerziert hat.

Aber noch eine weitere grausige Rückseite zeigt die glattglänzende scheingesunde Fassade dieses Götzenstandbildes: An ihr kleben Millionen und Abermillionen zerstückelter ungeborener Kinder, die nicht leben durften, weil im Namen dieses Götzen die Anweisung Gottes: «Seid fruchtbar und mehret euch» nicht mehr gilt, ja höhnisch mit viel artifiziellem Geschick zurückgewiesen wird.

Und viele wachen aus der Erblindung nicht einmal dann auf, wenn sichtbar wird, dass die Bevölkerungspyramide eine kranke, lebensbedrohliche Gestalt anzunehmen beginnt.

Aber auch vom vierten Götzen muss noch gesprochen werden, dem Standbild eines überdimensionalen Zauberers mit dämonisch schwarz-großen Augen, über sich den Regenbogen als Garant der Verbindung zum Kosmos, unter sich den Zugang zum Totenreich, das Bild einer maßlosen Überheblichkeit durch Magie und dämonische Zauberkulte – eine Verführungsmöglichkeit zu abgehobener Passivität und Verwirrtheit großen Stils – im Terrain des sogenannten New Age mit all seiner abergläubischen esoterischen Dämonie für alle jene Seelen, denen die Tür zum dreieinigen Gott nicht mehr vermittelt oder die ihnen durch Desinformation zugeschlagen wurde.

Die Fülle der Standbilder aus Erz, Holz, Stein, Silber und Gold – jenen Götzen, wie die Offenbarung des Johannes es ausdrückt, «die weder sehen noch hören noch gehen können» (Offb 9,20), lässt sich hier nicht umfassend darstellen; doch *ein* Götze darf nicht unerwähnt bleiben: das Standbild mit dem Menschenschlächter. Die griechische Sage hat ihn mit dem Namen Prokrustes belegt, dem Dämon der Angleichung, der alle Menschen durch Dehnung oder Kürzung auf ein *einziges* Format zu zwingen sucht, ein widerwärtiger Massenmörder, der sich höhnischerweise auch noch mit dem Wort «Sozialismus» zu umkleiden wagt.

Völker hat dieser Moloch in diesem Jahrhundert in Blut und Tränen dahingeschlachtet; aber dennoch ist er nicht einmal in Mitteleuropa endlich vom Thron gestürzt worden, sondern fesselt weiter, indem er auf den Neid des kainhaften Menschen setzt und jede Menge Mensch nivelliert, vergewaltigt und Unrecht bewirkt in Hochpotenz, indem er mit der Schalmei angeblicher Gerechtigkeit die Unzufriedenen betört.

Für uns Menschen in Deutschland, die ihren wachen Verstand noch nicht an einen der modischen Götzen abgegeben haben, ist diese Situation ganz besonders erschreckend. Denn meine Generation – ich war sieben Jahre alt, als Hitler zur Macht kam, und zwanzig, als er sich umbrachte – hat bereits damals einen götzenanbetenden König erlebt, der die Kreuze aus den Schulzimmern abmontieren ließ und das Emblem seiner Machtanmaßung an die Stelle rückte, und wir haben die Folgen davon, das Inferno von Gottes Gericht, furchtbar erfahren!

Aber nun müssen wir heute zur Kenntnis nehmen, dass sich der Passus aus der Offenbarung des Johannes dennoch beängstigend neu bewahrheitet: «Aber die übrigen Menschen, die nicht umgekommen waren, hörten nicht auf, sich niederzuwerfen vor Dämonen, vor ihren Götzen aus Gold, Silber, Erz, Stein und Holz... Sie ließen nicht ab von Mord, Zauberei, von Unzucht und Diebstahl» (Offb 9,20).

Ein bisschen muss ich an dieser Stelle noch persönlich bleiben: Ich habe ein holsteinisches Gymnasium besucht von 1935 bis zum Abitur 1943, und ich bin dort von *allen* meinen (zum Teil blitzgescheiten) Lehrern zum Götzendienst angehalten worden. *Keiner* leistete Widerstand, bzw. die, die sich nicht fügten, waren wohl 1933 bereits stillschweigend entfernt worden. Keiner unserer Lehrer durfte und konnte uns auch nur mit einem Hauch von Wahrheit beschenken. Die Lehrpläne waren uniform und der Religionsunterricht abgeschafft. Auch meine Eltern duckten sich – freilich ohne sich organisieren zu lassen, und mein frommer Vater hat wohl all unser Durchkommen im Gottesdienst oder im stillen Kämmerlein von seinem Gott erbettelt. Unser Durchkommen als Familie war dennoch Überleben ohn' all Verdienst und Würdigkeit.

Die Wahrheit über das Ausmaß der Verbrechen lernten wir erst hinterher. Aber wir lernten sie doch! Wir gingen zunächst doch in die Knie! Und dennoch dies von den sechziger Jahren ab: Unser bewusstes Mitansehenmüssen, wie ein neues, noch viel umfassenderes Vergessen der Unaufgebbarkeit unserer Priorität einsetzte, des Vergessens der Lebensnotwendigkeit, sich in den Lichtkreis des dreieinigen, allmächtigen Gottes zu stellen, um in diesem Verbund, mit dieser Orientierung das persönliche Leben mit seinen Entscheidungen auszurichten.

All meine Öffentlichkeitsarbeit ist aus dem Erschrekken über diese neue verhängnisvolle Ausrichtung hervorgegangen. Sie hieß von Anfang an für mich persönlich vornehmlich dies: Damals warst du ein unwissendes Kind, heute (1965 ist etwa das Stichjahr) bist du eine Fachfrau, die durch Gelerntes an Wissenschaft und an vielen einzelnen Fällen in der Praxis erkannt hat, dass alle Gedeihlichkeit des Menschen, alle Voraussetzungen, ein oft hartes Leben zwischen Dornen und Disteln durchzustehen – ganz besonders in seinen ersten Lebensjahren, aber überhaupt durch seine lange Jugendzeit hindurch, ja, erst recht in seinem Erwachsenenalter – davon abhängt, ob er sich den Prämissen des Christentums – global gesagt: der Liebe, wie sie bei Christus verstanden, gelebt und gelehrt wurde – unterstellt.

Als praktizierende Kinder- und Jugendlichen-Psychotherapeutin hatte ich von der Mitte der sechziger Jahre ab begonnen, meine Erfahrungen schriftlich niederzulegen; denn ich hatte erlebt, dass die Zahl der Verhaltensstörungen sprunghaft anstieg. Und da ich damals bereits auf dem Boden der psychoanalytischen Antriebslehre ein eigenes Konzept über ihre Ursachen entwickelt hatte, ließ sich etwas mich tief Beunruhigendes für die Zukunft voraussagen.

Man musste, so erkannte ich damals, – vorausgesetzt die äussere Situation in den zivilisierten technisch orientierten Ländern Europas bliebe einigermaßen unverändert – mit einem Hochschnellen der Kriminalität, vor allem der Diebstahls- und Raubkriminalität rechnen. Die psychischen Erkrankungen würden geradezu boomen. Vor allem die Süchte und die Depressionen würden zu einer schweren Belastung unserer Gesellschaft werden, so dass nach 1990 die Krankenkassen nicht mehr in der Lage sein würden, den ansteigenden Kosten gewachsen zu sein.

Die Sexualdelikte und Perversionen würden wie Pilzkolonien aus dem Boden schießen und mithelfen, das Leben unsicher zu machen. Die Ehen würden immer weniger oft noch lebenslänglich halten. Ein Geburtenschwund gigantischen Ausmaßes würde nach der Jahrtausendmarke die Renten unbezahlbar machen.

Mir war durch meine Arbeit als Kinder- und Jugendlichen-Psychotherapeutin nämlich eine entscheidende Wurzel des Übels ins Blickfeld geraten, und zwar nicht etwa eines Übels, das als unabwendbares Schicksal hingenommen werden müsste, sondern das sich verhältnismäßig leicht durch Einsicht, Information und ministerielle Steuerung hätte ändern lassen und damit eine – unendliches Lebensleid produzierende und die Prosperität der Gesellschaft gefährdende – negative Entwicklung aufgehalten hätte.

Diese Erkenntnis brachte mich zunächst um den Schlaf und dann in die Aktivität. Mir war klar: Als eine kleine Therapeutin in der Lüneburger Heide bestünde keine Berechtigung zu der Hoffnung, hier global etwas zu erreichen; aber man müsste es doch sagen – so laut und so oft wie möglich, um junge Familien mit Verantwortungsgefühl und einem gesunden Menschenverstand zu warnen, um furchtbares, unverschuldetes Elend mit den herangewachsenen Söhnen und Töchtern abzuwenden – wenigstens um einiger Hellhöriger willen, und falls auch bei denen ohne Erfolg, dann doch wenigstens um der Wahrheit willen, und um – trotz des Wissens um die abwendbare Gefahr – nicht geschwiegen zu haben.

Ich möchte deshalb bei dieser Gelegenheit die wichtigsten Kernsätze meines Konzepts aufzeigen; denn meine Arbeit ließe sich ohne Abstriche unter das Motto stellen: Abendländische Besinnung ist in später Stunde dringend not.

Der Mensch ist danach ein Wesen, das mit einem extrem unreifen Gehirn zur Welt kommt, was ihn in den ersten Lebenstagen und -jahren besonders prägbar macht. In diesen ersten Lebensjahren des Homo sapiens gelten in bezug auf seine Entfaltung noch sehr eherne Naturgesetze, wie sie auch für höhere Säugetiere gültig sind. Das Abweichen von den Gesetzen der natürlichen «Brutpflege» lässt oft lebenslängliche Verhaltensstörungen, sogenannte Neurosen entstehen.

Unangemessene, unnatürliche Behandlung des Säuglings führt z. B. im Erwachsenenalter zu sogenannten neurotischen Depressionen. Frühe orale Mangelerlebnisse bringen es z. B. mit sich, dass dauernde unabgesättigte Bedürfnisspannungen bei einem Kind, ja meist auch noch im Erwachsenenalter erhalten bleiben und Ansatzpunkte werden für unangemessen überschießende Neidreaktionen oder für Hass, Gier und Ungeduld oder auch für absolute depressive Resignation. Diese negative Grundstimmung hat viele lebenserschwerende Folgen: fehlende Durchhaltefähigkeit besonders bei der Arbeit, in Schule, Ausbildung und Beruf, eine allgemeine Passivität aus unbewusster Mutlosigkeit, dadurch verminderte Leistungsfähigkeit, Trink- und Trunksucht, das heisst eine Betäubungsbedürftigkeit durch Ersatzbefriedigungen bahnt sich an.

Der Mensch erweist sich als fundamental verstörbar, hemmbar, vor allem dadurch, dass die Zuwendung der umgebenden Welt für das Kind unzureichend bleibt, so dass die positive Gestimmtheit, die das Lebensgefühl des kleinen Kindes ausmachen sollte, in ihr Gegenteil verkehrt wird. Diese negative Gestimmtheit wird besonders dann zum Charakterzug Interesselosigkeit, Kontakt- und Liebesunfähigkeit, wenn die Betreuung durch die Bezugspersonen der ersten Lebensjahre ungenügend bleibt, vor allem, wenn nicht eine liebevolle Mutter präsent ist, was sich an Heimkindern, hospitalisierten und vernachlässigten Kindern hinreichend studieren und verifizieren ließ. Fazit: Die an die Pflegenden gebundenen Kinder werden eher bindungsfähig. Bei ihnen entfaltet sich dadurch auch eher die Gewissensfunktion und Bindungsfähigkeit.

Diese Charakterprägung begann selbst unter den Familienkindern in den sechziger Jahren sprungartig anzusteigen.

Man konnte bei unveränderter Lebensweise und ohne Therapie wohl erkennen, dass im Jugendalter bei vielen dieser Kinder sogar die schwerste seelische Erkrankung, die sogenannte «neurotische Verwahrlosung» mit ihrer Symptomtrias Passivität, Bindungslosigkeit und Ordnungsfeindlichkeit, manifest werden musste. Man konnte auch im Einzelfall an den Vorgeschichten ablesen, woran das lag: Immer mehr Eltern «organisierten» harmlos und unwissend das Leben ihrer Kinder. Sie gaben sie einmal dahin, einmal dorthin zur Betreuung, weil sie das erstmalig in der Geschichte der Menschheit konnten, ohne das Leben ihrer Babies und Kleinkinder zu gefährden und weil der Trend zur Berufstätigkeit der Familienmutter auch von kleinen Kindern, weil die Diffamierung der «Nur-Hausfrau» das Abschieben der Kleinkinder zusätzlich begünstigte.

Heute, nach dreissig Jahren, hat sich dieser Typ Mensch verzigfacht. Die Weltgesundheitsorganisation hat festgestellt, dass sich allein die als Depression gekennzeichneten seelischen Erkrankungen verdreissigfacht haben. Aber da auch alle Süchte von der Rauschgiftsucht über die Nikotin- und Alkoholsucht bis zu den Ess-, Spiel- und Kaufsüchten in diese Kategorien gehören, hat hier weltweit in allen Industrienationen heute eine gewaltige Einbuße an seelischer Gesundheit stattgefunden, und zwar, wie die Statistiker ebenfalls feststellten, vor allem in den jungen Jahrgängen von den 15jährigen bis zu den 30jährigen.

Dieser Trend wurde nun von der Mitte der sechziger Jahre ab noch gewaltig angeheizt, und zwar durch die epochemachende Erfindung der Anti-Baby-Pille und ihre Zulassung in der Bundesrepublik Deutschland. Mit ihr schwappte die Sexwelle aus den USA an Europas Küsten an. Das führte zu einer erneuten wesentlich radikaleren Phase der Frauenemanzipation. Die Möglichkeit, sich von «Kindern, Küche und Kirche», ja, vor allem aus der Abhängigkeit vom Ehemann zu befreien, wurde so wesentlich leichter realisierbar. Immer mehr Frauen blieben kinderlos, immer mehr junge Mütter blieben im Beruf, immer mehr Ehen wurden geschieden.

Die Zahl der Geburten ging in der BRD bereits in den siebziger Jahren vom volkserhaltenden Level von 2.6 Kindern pro Familie auf 1.4 Kind zurück. Deutschland avancierte zum geburtenärmsten Land der Welt. Und was die Pille nicht schaffte, wurde dann durch die Veränderung des § 218 durch Abtreibungserleichterung mittels der sogenannten sozialen Indikation ab 1976 nachgeschoben.

Die gigantische Talfahrt freilich wurde ab 1968 geradezu mit einem Paukenschlag durch die sogenannte

Studentenrevolte zusätzlich beschleunigt. Es ist von größter Wichtigkeit, das wenigstens heute ins Bewußtsein zu nehmen:

Diese Revolte war keineswegs ein wenig Studentenaufstand zwecks Beseitigung des «Muffs von 1000 Jahren unter den Talaren» der Professoren. Sie war gezielte Agitation mit einem unverblümt ausgesprochenen Ziel: Diese bürgerliche, als «kapitalistisch» verhöhnte Gesellschaft mit Hilfe eines sogenannten «Marsches durch die Institutionen» abzuschaffen und sie zu einer marxistischen zu verändern.

Und so floss in das geistige und religiöse Vakuum des wohlstandssatten Mitteleuropas ungehindert – ja geradezu wie von einem vertrockneten Schwamm aufgesogen – das ideologische Gift ein.

Gift ist die marxistische Ideologie, weil sie ein unrealistischer Wunschtraum ist, weil sie nicht von der Wirklichkeit, nicht vom Wesen des Menschen ausgeht, sondern von der Utopie einer niemals erreichbaren Gleichheit durch angleichende Erziehung und Umverteilung des Besitzes auf dem Boden der Ideologie des Neides. Marxismus ist eine menschenverachtende, atheistische, aber gerade deshalb ebenso verlockende wie tödliche Versuchung des Menschen.

Aber diese Ideologie muss unausweichlich den Menschen seelisch und geistig zerstören: Sie geht von der Vorstellung eines Einheitskuchenteiges Mensch aus, der durch Kollektivierung vom Säuglingsalter ab zur Einheitsware zu entwickeln sei. Marxismus leugnet eine fundamentale Gegebenheit des Menschen: Die Unwiederholbarkeit seiner Persönlichkeit, seine Notwendigkeit, sich durch individuelle Betreuung liebevoller, opferbereiter

Art zu einem liebevollen, seelisch gesunden Menschen entwickeln zu können! Er leugnet die genetischen und biologischen Unterschiede!

Deshalb wurden die siebziger Jahre in der Bundesrepublik Deutschland so bedenklich! Deshalb entstanden nun auch hier immer mehr Kinderkrippen, immer mehr Ganztags-Kleinkinder-Bewahranstalten; deshalb entstand nun Massenschule vom Grundschulalter ab mit diesen unsäglichen Schulbussen und all den so kinderfeindlichen Maßnahmen: dem vielen Platzwechsel, dem vielen Raumwechsel, dem Zerschlagen der Klassenverbände.

Jetzt entstand gezielt: die Entwertung der Hauptschule und des Abiturs, das lähmende Überlaufenwerden der Universitäten und dort – meist mehr oder weniger versteckt – das Lernen von Sozialismus als Scheinwissenschaft, als Heilslehre und Religionsersatz. Aber zerstörerischer noch: Es geschah Verhetzung der Kinder gegen ihre Eltern – oft bereits via Schulbuch, mit der Verführung zu sexueller Betätigung von der Geschlechtsreife ab, um sie – erklärtermaßen – durch die frühe Ablösung vom Elternhaus zum «revolutionären Potential» des geplanten Umsturzes zu verführen. Manipulierte Maßlosigkeit, manipulierte Kindsverführung; denn wie gern möchte man's in der Pubertät anders, freier, kühner machen als diese ewig-gestrigen Eltern!

Die Bevölkerung erfasste das Diabolische dieses Trends nicht. Sie wurde auch nicht darüber aufgeklärt. In den elektronischen Medien wurde unisono die familienfeindliche Gesellschaftsveränderung vorangetrieben, aber meist nur in Gestalt von manipulatorischen Tendenzen in den Filmen, nicht offen, verschleiert nur – etwa durch Propaganda gegen die «Scheissbullen» und ihrem

«Scheissjob» à la Schimanski-Filmen, in denen auch grundsätzlich nur die reichen Kapitalistenschweine die Verbrecher waren, um den Staat und seine Ordnungsmacht, die Polizei, zu unterminieren und für Terror und Umsturz aufzubereiten.

Diese Manipulationen waren das Gegenkonzept gegen das Christentum, während die Prämissen des Christentums durch die Kinderpsychotherapie als Erfahrung bestätigt wurden.

Bäume und Kinder – Grundlage der allgemeinen Existenz des Menschen auf unserem Planeten – nehmen so gefährlichen Schaden. Hier wie dort ist es eine ins Maßlose getriebene Unnatürlichkeit, eine Haltung des unnachdenklichen Machens, die – auch auf dem Feld der Pädagogik – ideologisch verstärkt – die bedrohliche Situation hervorgerufen hat. Das lässt sich heute mit vielen einzelnen wissenschaftlichen Untersuchungsergebnissen belegen.

Kinder brauchen den Schutzraum einer Familie mit Geschwistern und einem einander liebenden, verantwortungsbewussten Elternpaar, am besten auch noch durch die Abstützung von Großeltern oder anderer Familienangehöriger im Hintergrund.

Kinder brauchen darüber hinaus Vorbilder, Besinnlichkeit (statt Dauerberieselung mit ihnen unbekömmlichen Bildern und dämonischer Musik, statt Verführung zu «Sex and Crime» durch die elektronischen Medien und durch ideologische Verführer). Sie müssen angenommen werden, um ihrer selbst willen und sie brauchen sanfte Eindämmung wild ausufernder Schößlinge. Sie brauchen orientierende Vorgaben, damit sich die Gewissensfunktion entfalten kann.

Unsere europäische Welt mit ihrem liberalistischen Geist (weitgehend aus dem Westen, den USA importiert und aus dem Osten marxistisch unterwandert) erfüllt diese Grundbedingungen für ihre künftige Generation nicht mehr hinreichend. Denn beide Strömungen sind von einem einseitigen Materialismus beherrscht.

Wer die Augen aufmacht, kommt nicht darum herum zu erkennen: Dieses Großexperiment des kleinen Gottes der Welt mit sich selbst ist gescheitert. Zwar gibt es noch Inseln intakter Familien, zwar gibt es zumindest im Westen in den europäischen Nationen noch so etwas wie eine einigermaßen stabile, staatstragende Schicht – noch gibt es seelisch gesunde junge Menschen; aber sie nähren sich vom Fundus der abendländischen Kultur auf dem Boden des Christentums.

Ganz besonders auch an den drei Generationen der UdSSR, die diktatorisch unter ein ideologisches materialistisches Konzept unter strikter Unterdrückung des Christentums gezwungen wurden, wird das erkennbar. Die Akademie der Wissenschaften in Moskau gab die Zahl der Alkoholabhängigen 1985 mit 4 Millionen Befallenen an! Die verheerenden Ergebnisse liegen nun also nach einem Jahrhundert des immer rasanteren Machens vor und beweisen das Gegenteil dessen, was erhofft wurde.

Und diese negativen Ergebnisse lassen im Umkehrschluss erkennbar werden: Das 20. Jahrhundert ist ein Beweis der allgemeinen, höchst konkreten Verbindlichkeit des Christentums: Der Mensch wird nicht zum Menschen, ohne mit getreulicher, verlässlicher, präsenter Liebe umgeben zu sein, einer Liebe, die zunächst extrem persönlich, ja, zunächst durch die Brustnahrung sogar eine Vorgabe in Ausschließlichkeit ist.

Diese Liebe hat so zu sein, wie Christus sie als A und O vorgab und vorlebte: Sie ist immer auch Opfer. Opfer des Ego an den anderen, ganz besonders an die Hilflosen und Schwachen. Sie ist Dienst, zunächst für ihre Nächsten, aber damit auch für Gott – an Seinen Willen, an Sein Ziel mit der Schöpfung. Sie ist in der Hingabe an das Neugeborene gleichzeitig Vorbereitung auf die Liebes- und Bindungsbereitschaft für ein Du im Erwachsenenalter, sie ist Vorprägung auf eine Kommunikation mit einem persönlichen Gott, zu dem der so gehaltene Mensch hinsucht und hinfindet und dann sprechen darf: «Abba, lieber Vater!»

Die viel besseren Ergebnisse bei erzieherischen Bemühungen gottgehorsamer Art lassen sich heute sogar auch wissenschaftlich belegen. So bekommen z. B. gestillte Kinder einen besseren Immunschutz, sie bringen bessere Schulleistungen und sind wesentlich weniger gefährdet, im Erwachsenenalter seelisch zu erkranken. Leben auf christlicher Basis erbringt die besseren Früchte – so könnte man es theologisch ausdrücken –, und das durchgängig durch alle Bereiche des menschlichen Lebens.

Das Christentum gibt nicht nur allein durch alttestamentarische Empfehlungen, sondern vor allem durch das – Ich und Es überwindende – Liebesgebot von Jesus Christus den *entscheidenden* Hinweis: Nur wer sich unter Verzicht opferbereit dem Liebesgebot stellt, kann eine wirklich frei machende Eingrenzung und Zügelung seiner Antriebe – einschließlich der Sexualität – erreichen. Diese Beispiele ließen sich beliebig fortsetzen.

Nachdenkliche Be-Sinnung im wahrsten Sinn dieses Wortes muss heute helfen, dem Menschen, der unbedacht mit im verderblichen Strom des elektronisch gesteuerten

Zeitgeistes schwimmt, Einsicht zu vermitteln: Ihm eine bewusste Konfrontation mit der so entsetzlich negativen Bilanz zuzumuten und ihm zu verdeutlichen, dass es in dieser Situation keinerlei Rechtfertigung mehr für egozentrische Schläfrigkeit gibt: gerade durch diese Haltung wird gesellschaftliches, aber damit auch höchst persönliches Unglück in rasanter Beschleunigung vermehrt.

Die Realität unserer bedrohten Situation gehört ins Bewusstsein der Menschen, damit sie erkennen, wie einengend, wie zerstörerisch der atheistische Zeitgeist unseres Jahrhunderts wirkt, und wie dringend, wie existenznotwendig eine Umkehr ist.

Es kommt *jetzt* darauf an, auf welche Seite wir uns schlagen! Freilich sollte man meinen, so schwer dürfte das in einer liberalen Demokratie nicht sein – und doch sind auch heute, zumindest im geistigen Sinn, die Feueröfen bereits angeheizt für solche, die es nun noch weiter wagen, sich dazu zu bekennen, weil sie es erfahren haben: Christus ist der *Weg*, die *Wahrheit* und das (ewige) *Leben:* diese Öfen glühen schon; denn für Menschen vom Mut der drei jungen Männer zu Nebukadnezzars Zeiten wartet zunächst einmal der Medien-Pranger. Sie werden mit der ehrenrührigen, diffamierenden Unterstellung, Fundamentalist, Traditionalist, ja, Faschist, Rechts-Extremist zu sein, unter Mobbing-Gejohle der öffentlichen Medien verhöhnt, weil sie sich anders benehmen und anders bekennen als die uniforme Menge.

So bedenklich das ist, so wenig pflegt das diejenigen Getreuen zu berühren, die diese ihre Entscheidung bei vollem Bewusstsein getroffen haben. *Isoliert* werden sie lediglich aus dem Forum des lautstarken Zeitgeistes. Aber es finden sich jetzt bereits in erheblicher Zahl Gleichgesinnte evangelischer, katholischer, freikirchlicher Konfession oft in sehr beglückenden, fest zusammengeschlossenen Gruppierungen zusammen. Hier gibt es z. B. noch kinderreiche Familien, hier gibt es bereits jede Menge gegenseitige Hilfe, private christliche Schulen und Begegnungsstätten.

Christi Wort vom Schwert, mit dem er die Geister scheidet, trifft also heute neu ganz besonders intensiv zu. Spaltung und Polarisierung ist unabwendbar und wird sich immer mehr ausprägen. Die Zeit ist abermals «reif zur Ernte», und unaufschiebbar wird die Bewährungsprobe, die erbringt, ob wir uns selbst mit unseren Familien in die «kleine Schar» einreihen oder ob wir einen oder mehreren unserer modischen Götzen die Hand reichen. Wenn das auf den ersten Blick auch so aussieht, als wäre dieses die einfachere Wahl, so ist doch bei unseren modischen Götzen mehr denn je Vorsicht geboten; denn – so haben die vergangenen dreissig Jahre gezeigt – keiner der Modegötzen begnügt sich mit dem kleinen Finger. Sie nehmen nur allzu rasch mehr als die ganze Hand, ja, das gerade ist das entscheidende Kriterium: Der den Götzen Anheimgefallene tut das häufig zwar aus einem selbstherrlichen Befreiungsbedürfnis vom Gehorsam gegen Gott; aber er erntet dabei dann paradoxerweise gerade den Verlust der geistig-seelischen Freiheit, erntet eine Fesselung, in welcher Form auch immer.

Aber der Mensch macht sich für Gott unerreichbar, wenn er sich in die Schweinekoben begibt, da Er dieses sein Geschöpf eben mit der Freiheit der Entscheidung begabt hat. Diese Entscheidung steht heute sehr unaufschiebbar an. Wer sich unserer Lage bewusst ist, kann sie aber fröhlichen Herzens vollziehen und damit dennoch mehr bewegen als scheinbar Weltbewegendes in einer ihm schmeichelnden Öffentlichkeit – für sich, für seinen kleinen Umkreis, ja, vielleicht sogar für die Zukunft aller hier auf der Erde; denn nur den Gott Getreuen wird es gelingen können, Gottes Schwert ob unseren Häuptern abzuwenden und die Feueröfen der Moderne zu überstehen.

Wir sollten uns nicht länger drücken, scheuen und zieren in der harten Bewährungszeit, der wir entgegengehen. Wir sollten neu den Mut haben wie die Männer im Feuerofen zu bitten: «Ach, Herr, wir sind geringer geworden als alle Völker. Du aber nimm uns an! Wir folgen dir jetzt von ganzem Herzen, fürchten dich und suchen dein Angesicht» (Dan 3, 37-41).

Wir haben also zu erkennen: Keiner der materialistischen Strömungen aus Ost oder West dürfen wir uns verschreiben. Wenn wir Zukunft haben wollen, brauchen wir eine europäische Erneuerung im Geist der Wahrheit, und das heißt in einem real umgesetzten Christentum des Alltags. Ihm müssen wir uns verschreiben – handelnd, aber auch betend; denn nur durch eine solche Art der Besinnung können wir Hoffnung auf Zukunft gewinnen.

Freiheit und Verantwortung in der Familie

Bedrückt sitzt ein Ehepaar in der Praxis vor mir: «Wir haben uns für so fortschrittlich gehalten», sagt mit hängendem Kopf der Familienvater, «mit Freiheit in der Ehe haben wir uns beschenken wollen. Einvernehmlich haben wir uns zugebilligt, uns gegenseitig zwischenzeitlich mit anderen Partner zu verbinden und eine eventuelle Verliebtheit auch in einer ausserehelichen Beziehung zu verwirklichen – ohne Krampf, ohne Heimlichkeit, ohne Schuldgefühle.»

«Ja», ergänzt die Familienmutter, «als jungen Leuten schien uns das ein realistisches neues Konzept zu sein – zu häufig hatten wir im Freundeskreis erlebt, wie das Versprechen, eine Ehe auf Lebenszeit einzugehen, nicht eingehalten wurde und mit all dem Elend der Vertrauensbrüche, dem schlechten Gewissen, dem gegenseitigen Misstrauen und den Katastrophen entdeckter Ehebrüche bezahlt werden musste. Wir versprachen uns, ehrlicher miteinander umzugehen, eine eventuelle Faszination durch einen anderen nicht voreinander zu verschweigen und dem geliebten Ehepartner aus Liebe seine Freiheit zu gönnen, sie ihm souverän von vornherein zuzubilligen.»

«Leider haben wir aber erfahren müssen», fährt der Familienvater fort, «dass wir diesen schönen Vorsatz nicht haben einhalten können, wir sind kläglich gescheitert und stehen mit unseren drei Kindern jetzt am Rande einer Familienkatastrophe.»

«Wir haben uns nämlich so viele gegenseitige Wunden geschlagen, dass wir uns geradezu widerlich gewor-

ıd», bekräftigt die Ehefrau und beginnt die Tragösführlich zu schildern. Das Konzept «Freiheit in der Ehe» habe zunächst ihr Mann weidlich ausgekostet. Während sie in relativ rascher Folge die Kinder zur Welt gebracht habe und mit deren Pflege mehr als ausgelastet gewesen sei, habe ihr Mann auf seinen Geschäftsreisen immer neue smarte Mädchen kennengelernt. Er berichtete ihr jeweils strahlend mit lachenden Augen von den amourösen Abenteuern.

Sie spürte, dass sie ihre Weitherzigkeit überschätzt hatte. Sie fraß den Ärger zunächst in sich hinein, merkte aber bald, dass sie ihre Stimmung an den Kindern ausließ – und schlimmer wurde es, als ihr Mann dann auch noch mit süffisantem Lächeln fragte: «Na, doch eifersüchtig?» Sie versprach sich Ablenkung von ihrer inneren Not, indem sie halbtags als Krankenschwester wieder berufstätig wurde – und dort passierte dann das Drama, dass sie sich unsterblich in einen jungen Mediziner verliebte, so dass sie Haus und Kinder immer mehr zu vernachlässigen begann.

«Sie will den Mann doch tatsächlich heiraten und mich mit den drei Plagen sitzen lassen», ruft der Mann empört, «aber so haben wir doch nicht gewettet!»

«Ach», kontert seine Frau resigniert, «wir haben eben einfach das Maß unserer Freiheit überschätzt!»

Mein Appell an die Verantwortung für die Kinder fruchtete in diesem Fall nichts. Das Ehepaar ließ sich scheiden – zu Lasten der weinenden Nachkommen, die die Eltern vergeblich baten, sich doch wieder zu vertragen.

Das ist ein Fall von zahllosen in der Bundesrepublik Deutschland. Jede dritte Ehe wird hier zur Zeit geschieden – zu 70% aufgrund des Scheidungsbegehrens der Frau.

130'000 Kinder werden bei uns pro Jahr zu Scheidungswaisen und tragen – wie die Fachbilanz aussagt – oft lebenslänglich schwer am zu frühen Verlust des Nestes.

Aber welche Schlussfolgerungen haben wir daraus zu ziehen? Bedeutet Familie wirklich Verlust jeglicher Freiheit? Ist sie Fessel – lebenslang? Eine Fessel, die den so zur Individualität erzogenen Menschen in den Industrienationen einfach nicht mehr gemäß, einfach nicht mehr zumutbar ist?

Diese Frage nötigt uns, über das Wesen der Freiheit des Menschen in der Schöpfungsordnung neu nachzudenken. Die Genesis vermittelt uns in ihrem ersten Kapitel, dass die Freiheit des Menschen im Schutzraum Gottes = Paradies zwar sehr weiträumig ist, aber sie hat auch eine eherne Grenze: Das *wie* der Moral, die Normsetzung von Gut und Böse muss Gott vorbehalten bleiben. Der sein Geschöpf Mensch liebende Gott, der es mit Handlungsfreiheit beschenkte, setzte ihm hier einen Schutzzaun, um ihn vor tödlichen Überschätzungen seiner Machtmöglichkeiten zu bewahren.

Diese Rahmenbedingungen missachtete das erste Menschenpaar. Weil es damit in der Lage war, selbst über gut und böse zu unterscheiden, konnte es im Urbund mit Gott nicht bleiben. Das ist in dem Wort Gottes ausgedrückt: «Seht, der Mensch ist geworden wie wir; er erkennt Gut und Böse» (Gen 3, 22). Diese Gebotsübertretung hat die Austreibung aus dem Paradies zur Folge. Dennoch geschieht Gnade. Moses empfängt die zehn Gebote als eine neue Richtschnur für das Leben jenseits von Eden.

Missachtet der Menschen diesen Schutz, der zu seinem Heil errichtet ist, so gerät er in die Falle seiner Selbstentscheidung über Gut und Böse und liefert sich damit meist böse endender Willkür und egoistischer Kurzsichtigkeit aus.

– Wie das erste Menschenpaar waren die eben geschilderten modernen Eltern diesem Sündenfall erlegen. Nicht ihre Freiheit hatten sie durch das selbstgesetzte Modell «Freiheit in der Ehe» gewonnen, sondern die verantwortungslose Zerstörung ihrer Familie mit den schwerwiegenden Folgen für alle fünf:

Die junge Frau geriet mit ihrem neuen Lebensgefährten vom Regen in die Traufe – der Ehemann blieb mit der ihn überfordernden Familientätigkeit allein zurück. Die Kinder verwahrlosten und kehrten beiden Eltern – kaum flügge geworden – rasch den Rücken und zerstreuten sich auf Nimmerwiedersehen.

Dieses nur allzu typische Beispiel für die Problematik in den modernen Ehen zeigt einmal mehr, wie wenig die biblische Urgeschichte, wie wenig die biblischen Vorgaben heute überholt sind, und wie gut wir Modernen daran tun, sie als für uns immer noch verbindlich gültig anzuerkennen – schon ganz und gar, wenn es uns gelingen soll, als Träger von Familie die uns von Gott zugebilligte Freiheit genießen zu können.

Diese Aussage erscheint zunächst paradox und bedarf deshalb der Erläuterung. Wenn ein Paar den Entschluss fasst, zusammenzuziehen und ein oder mehrere Kinder in die Welt zu setzen, so bedeutet das einen Versuch, in Turnschuhen das Matterhorn zu erklimmen, wenn es meint, dieses Vorhaben ohne kirchlichen Segen, ohne Institutionalisierung des Bundes durch das Standesamt vollziehen zu können. Und doch geschieht das heute fortgesetzt in törichter, infantil ungekonnter Selbstüberschätzung – ausgerechnet um der Freiheit willen!

Hingegen: Sich am Altar dem Sakrament der Ehe zu unterstellen, dem wohnt die Chance inne, die Liebe einst in der Familie leben zu können. Freilich bedarf es dazu einer klaren Bewusstheit über die immense Bedeutung dieses Vorgangs. Es bedarf eines Durchschauens und Akzeptierens dieses Geschehens der kirchlichen Trauung als eines freiwillig voll bejahten Vertrages zweier Menschen mit Gott. Das Sakrament der Ehe an sich geschehen zu lassen, setzt voraus, dass Gottes Wille im Hinblick auf die Familie als eine schutzgebende Ordnung erkannt und deshalb mit Freude bejaht wird.

Die Familie mit der Einehe auf Lebenszeit, dem Verbot des Ehebruchs, dem Liebesgebot für den Nächsten – hier dem Partner mit der Bereitschaft zu Rücksicht, Freundschaft und Vergebung ist eine heilige Anordnung unseres Gottes, weil durch ein so von ihm gesetztes Gutes die bestmögliche Chance entsteht, dass sein Reich – das der Liebe – werden, sich entfalten und schließlich auf Erden kommen kann.

Nicht nur um die Fortführung des Menschengeschlechtes handelt es sich schließlich nach Gottes Willen hier, sondern um die Hinaufführung der Kinder durch ihre Eltern in so viel Liebe, dass eines Tages die Liebe die Macht über den Naturegoismus gewinnt, der den Menschen sonst immer wieder in tierische, barbarische Stufen zurückfallen lässt.

Damit Liebe wachsen kann, bedarf sie grundsätzlich des Schutzraumes, so lange sie eine noch zarte, schwache Pflanze in der Seele des Kindes ist. Die Eltern sind für ihre Kinder die Garanten dieses Schutzraumes – analog dem Schutzraum Gottes für sein Geschöpf Mensch durch Umgrenzung seiner Freiheiten.

Zunächst geht es dabei nach ehernen Gesetzen zu: Die schwangere Frau bedarf des Schutzes durch den sich dafür verantwortlich fühlenden Mann, sie bedarf der «Herberge» für die Niederkunft, sie bedarf seiner umsichtigen Fürsorge vor welcher Bedrohung auch immer. Die Reise des heiligen Paares nach Bethlehem ist dafür das überzeitliche Vorbild. Die stillende, bergende Mutter bietet dann den unumgänglichen Schutzraum für die noch keimhafte Liebe, für das noch zarte Pflänzchen Zukunftshoffnung Kind – und auch hier ist nichts so nötig wie die Einhaltung von Gottes Vorgabe: der Leibnähe, der Stillung durch leibliche Nahrung durch die opferbereite Hingabe der Mutter an dieses nach ihr verlangende Kind – überwölbt durch eine Vaterfigur, die diese Idylle absichert und es durch seine Bemühung möglich macht, dass die Familie das tägliche Brot zur Verfügung hat.

Das ist keine «Rollenverteilung», wie uns der kollektive Atheismus in törichter Selbstverteilung der Aufgaben des Menschen weismachen will, sondern heilige Vorgabe. Und diese so bedeutsame Phase der Familienbildung gelingt um so besser, je mehr die jungen Eltern auf diese Anordnung Gottes lauschen, unter Umständen auch mit Hilfe hieb- und stichfester wissenschaftlicher Erkundung – statt auf selbst ausgedachte künstliche Neuerungen zu setzen, die nicht aus der Liebe und der Verantwortung vor Gott erwachsen sind, sondern aus Bequemlichkeit, Egoismus und dem unnachdenklichen Mitjagen nach modischen Neuerungen – als da sind Berufstätigkeit für Säuglingsmütter, Kinderkrippen, Babyhotels und Tagesmütter für die Kleinen, ja gar Stillbusenhalter für Väter.

Wer Aussicht haben will, hier in diesem Leben mit Gottes Freiheit beschenkt zu werden, der binde sich bitte so geduldig, so ernst und gewissenhaft wie möglich in dieser Phase der Babyzeit an die junge «Brut». Ob die Erwachsengewordenen einst die Kraft haben werden, aus dem mit Liebe vollgefüllten Brunnen ihrer Seele zu teilen, d. h., ob sie einst liebesfähig, arbeitsfähig und damit in der Lage sein werden, Gottes Auftrag an die Menschen mit zu erfüllen, das hängt weitgehend von der schlichten, getreulichen mütterlichen Demut ab, mit der die Mutter den Dienst an ihrem Kind erfüllt, wofür uns Maria ein unsterbliches Vorbild ist und für verantwortungsbewusste Vaterschaft ganz gewiss auch der heilige Josef, wie es in dem kargen Bericht der Flucht nach Ägypten zum Ausdruck kommt.

Wir haben im 20. Jahrhundert viele Beweise dafür erhalten, dass diese Vorstellungen kein veraltetes Christentum sind, sondern allgemein für das gesamte Menschengeschlecht gültige Vorgaben. Eindringlich ist das 70jährige kollektivistische Modell der Sowjetunion hier beweiskräftig geworden. Arbeitsscheu und Eheunfähigkeit brachten die Sowjetunion in eine innere Krise, die in der Tat Perestroika in später Stunde unumgänglich werden ließ.

– Gorbatschow schrieb deshalb in seinem Buch «Perestroika» erstaunlicherweise ebenso offen wie realistisch: «In den letzten Jahren unserer schwierigen Geschichte haben wir es versäumt, den Rechten und Bedürfnissen der Frauen, die mit ihrer Rolle als Hausfrau und Mutter und ihrer unerlässlichen erzieherischen Funktion zusammenhängen, genügend Beachtung zu schenken. Heute engagieren sich die Frauen in der wissenschaftlichen Forschung, arbeiten auf Baustellen, Industrie und im Dienstleistungssektor und sind schöpferisch tätig und haben daher nicht mehr genügend Zeit, um ihren täglichen Pflichten zu Hause nachzukommen – dem Haushalt, der Erziehung der Kinder und der Schaffung einer familiären Atmosphäre. Wir haben erkannt, dass viele unserer Probleme: im Verhalten vieler Kinder und Jugendlicher, in unserer Moral, der Kultur, der Produktion – zum Teil durch die Lockerung der familiären Bindungen und die Vernachlässigung der familiären Verantwortung verursacht werden. Dies ist ein paradoxes Ergebnis. Eine der dringlichsten sozialen Aufgaben – auch eine Hauptaufgabe in der Kampagne gegen den allgemeinen Alkoholmissbrauch – ist es, das Wohlergehen der Familie zu verbessern und ihrer Rolle in der Gesellschaft breiteren Raum zu geben.»

Freilich: Das böse atheistische Konzept lässt sich selbst durch solch eine weise Einsicht nicht aus der Welt schaffen; je mehr die Menschen aus Liebesmangel und Familienverlust neidisch gemacht worden sind, um so mehr bleiben sie an der marxistischen Ideologie des Neides hängen, was sich zur Zeit im Osten wie auch im Westen abzuzeichnen beginnt...

Aber nicht nur die Sowjetunion bildet hier ein trauriges Großexperiment. Zahllos sind mittlerweile die wissenschaftlichen Untersuchungen, die die Überzeitlichkeit des Urmodells von Familie bestätigen. Im psychosomatischen Institut Mannheim wurde jüngst bestätigt: «Die Deprivationsforschung, die Verhaltensbiologie sowie psychoanalytische Erkenntnisse führen zu der Hypothese, dass ein Kind unter allgemein hoher psychosozialer Belastung während der Vorschulzeit sich nur dann zu einem seelisch gesunden Erwachsenen entwickeln kann, wenn ihm zugleich eine zuverlässige positive Bezugsperson konstant zur Seite steht. Von den Einzelaspekten seiner Kindheit korreliert mit seelischer Gesundheit im Erwachsenen also die Tatsache (höchst signifikant), eine stabile gute Bezugsperson gehabt zu haben. Ohne eine solche Bezugsperson entwickelte sich in unserem Forschungsprojekt an 600 erwachsenen Personen der Allgemeinbevölkerung kein Proband mit schwerer Frühkindheit zu einem gesunden Erwachsenen.»

– Und im Max-Planck-Institut für Bildungsforschung in Berlin hat eine Forschungsgruppe um Professor Edelstein herausgefunden, dass Kinder, die in ihren ersten Lebensjahren an eine konstante Bezugsperson fest gebunden waren, bereits im Alter von neun Jahren auch bei kognitiven Aufgaben im Vergleich zu Kindern, die unzureichend gebunden waren, also von vornherein vielen wechselnden Betreuungspersonen ausgesetzt waren oder von diesen geängstigt wurden, «einen geistigen Vorsprung von zwei Jahren aufzuweisen haben.»

In dieser letzten wissenschaftlichen Untersuchung zeichnet sich unabweisbar ab, dass wir Menschen um so mehr Freiheit in der Familie ernten dürfen, je mehr wir uns – aus Liebe und Gehorsam für unseren Gott – an seine Vorgaben bei der Erziehung der Kinder gehalten haben. Kinder, für die man sich an deren Lebensanfang voll einsetzte, Kindern, die man als Gottes Geschenk auf Zeit auffasst und ihnen durch die Kindheit hindurch Freiheit zur Entfaltung gibt, aber ebenso gleichzeitig Grenzen setzt, damit den Unerfahrenen nichts Schädliches zustößt.

Diese so gehaltenen Kinder werden zügig selbständig und machen in den Jahren ihres Erwachsenwerdens weniger Kummer, stattdessen mehr Freude. Sie kräftigen die Herzen der Eltern durch die Genugtuung des Gedeihens ihrer Sprösslinge. Sie werden schneller selbständig zu verantwortungsbewusster eigener Lebensgestaltung und geben so den Eltern wieder zunehmend mehr Freiheit zu zusätzlichen Aufgaben im Weinberg des Herrn.

Freilich: Liebe der Eltern zu ihrem Kind bedeutet nicht im mindesten, sie einfach schrankenlos in jeder Hinsicht gewähren zu lassen, ihnen jeden Wunsch, kaum dass er ausgesprochen ist, zu erfüllen und ihnen das Leben gewissermaßen wahlfrei als einen Markt unbeschränkter Möglichkeiten zu freier Erprobung anzubieten.

Dieses sogenannte antiautoritäre Konzept – aus den USA importiert – mit dem Modell der «non-frustrated children», das in den vergangen dreissig Jahren in West-Europa zur Mode wurde – hat sich nicht bewähren können. Die ideologische Vorstellung – von Jean-Jacques Rousseau aus dem vorrevolutionären Frankreich im 18. Jahrhundert entliehen – dass der Menschen von Anbeginn an gut sei und sich zu einer Art Engel entfalte, wenn man ihn nur nicht einenge, hat sich erneut als eine Illusion erwiesen. Die so im Übermaß sich selbst überlassenen Kinder erlebten sich als Vernachlässigte und beantworteten das spätestens vom Jugendalter ab mit aggressiver Unruhe, Übellaunigkeit, ungeordneter Orientierungslosigkeit und einer vermehrten Anfälligkeit für neurotische Erkrankungen.

«Tante, müssen wir heute wieder den ganzen Tag tun, was wir wollen?», hat ein Kind aus einem solchen Kindergarten seine Betreuerin gefragt. Kinder zu einer inneren Freiheit zu erziehen, das gelingt nicht auf diese Weise. Es gehört in die Verantwortung der Eltern, die Kinder darin einzuüben, ihre Wünsche auch aufschieben zu lernen, sich zu gedulden, um einer Notwendigkeit willen zu gehorchen und auf Wunscherfüllung unter Umständen auch ganz zu verzichten.

– Der Mensch ist von Natur nicht im mindesten einfach gut. Er neigt – unerzogen – grundsätzlich zu einer Inflation seiner Antriebe. Er möchte, wenn er nicht auf Grenzen stößt, allein haben und allein herrschen. Er bleibt – ohne eine angemessen eingrenzende Erziehung – in seinem Naturegoismus stecken. Aber diese Neigung zur Maßlosigkeit gefährdet seine besondere Bestimmung als Mensch: Im Auftrag Gottes die Liebe in der Welt zu mehren. Und diese Gefährdung macht den Heranwachsenden unruhig und unzufrieden. Es gehört deshalb in die Verantwortung bemühter Eltern, die Kinder zur Rücksicht aufeinander, zum Frieden miteinander zu erziehen. Allerdings ist es falsch, dieses Grenzensetzen mit rigiden Maßnahmen oder gar mit körperlicher Gewaltanwendung durchzusetzen. Die beste Methode besteht darin, als Eltern das Lieben im Umgang miteinander, mit der Umwelt und im opferbereiten Einsatz für das Kleinkind vorzuleben. Mehr als durch Worte lernt der kleine Mensch nun einmal durch Nachahmung von seinen Vorbildern. Aber es darf doch auch das energisch verbietende Wort, ja, auch eine dem Status und dem Delikt entsprechende Strafe geben, wenn das Kind seine Grenzen aus ungehorsamem Trotz oder aus Unverstand – womöglich sein Leben gefährdend – überschreitet.

Die Begrenzung seines Spielraumes lernt ein Kind am besten im Schutz der Familie, wenn es einige Geschwister hat. Die Notwendigkeit, die eigenen Belange um eines anderen willen auch einmal zurückzustellen, ergibt sich dann ohne allzu vieles Eingreifen der Erwachsenen. Selbst wenn es dabei in jungen Jahren zu manchem Geschwisterzank und manchem handfesten Gerangel kommt, erspart es doch viele Bemühungen der Eltern, die bei einem Einzelkind nötig werden. Deshalb sehen Fachleute in Deutschland auch mit Sorge auf eine Entwicklung, die zeigt, dass Ein-Kind-Familien und Alleinerziehende nur von einem Kind immer häufiger werden. Mit Recht bezeichnet die Soziologie erst eine Familie mit drei Kindern als vollständig.

Freilich: Ob vollständig oder unvollständig – die wesentlichste Voraussetzung zum Aufblühen einer seelisch gesunden Familie ist gewiss nur gegeben, wenn die Bindung an Gott nie vernachlässigt wird, wenn die Eltern dankbar den Bund Gottes mit ihnen in Anspruch nehmen, die daraus allemal fließen und dieses Erleben an die Kinder (und schließlich auch an die Enkel) weitergeben.

Gläubige Eltern müssen diese Zusammenhänge heute ihren Kindern bewusst vermitteln, sie müssen ihnen von dem Elend der Anmaßung eines Lebens berichten, bei dem Gottes Grenzen überschritten werden. Sie müssen ihnen verdeutlichen, wie notwendig es ist, dass auch sie sich später nach Ehepartnern umsehen, die ebenfalls bereit sind, diese christlichen Grundvorstellung zu akzeptieren.

Es ist heute dringend nötig, dass christliche Eltern es in ihre Verantwortung nehmen, ihre Kinder gegen den atheistischen Zeitgeist mit seiner leichtfertigen Überheblichkeit zu immunisieren, so dass sie die Weisheit der überzeitlichen Vorgabe Gottes erkennen.

Nur die Erkenntnis der Wahrheit kann junge Menschen heute noch bewahren. Nur das bewusste Festhalten an Gottes Hand kann die Familie mit Hoffnung auf Zukunft beschenken und bewirken, dass es viele wache Menschen wagen, nach Verwirklichung der Liebe und dem Kommen des Gottesreiches zu trachten.

Wenn diese Wahrheit erst einmal erkannt ist, dürfte es auch allzu schwierig nicht mehr sein, zu einer gott-gehorsamen und gleichzeitig verantwortungsbewussten Freiheit in bezug auf die Kinderzahl in der Familie zu kommen. Wenn beide Eheleute ernst machen mit dem zentralen Satz Christi «Du sollst Gott, deinen Herrn, lieben von ganzem Herzen und ganzem Gemüte und deinen Nächsten wie dich selbst», kann es auch eine einverständliche Familienplanung des christlichen Paares geben. Und zwar bedeutet das auch in der Ehe eine bewusste Zügelung des Geschlechtstriebes um der Liebe willen, wenn er sich über die Würde und über die Belastbarkeit des Partners hinwegzusetzen sucht. Kultivierung hat grundsätzlich etwas mit Achtung, mit Ehrfurcht zu tun, d. h., sie wächst immer auf einer Dominanz von Liebe und Vernunft gegen hemmungsloses egozentrisches Sichausweiten. Und Haltungen dieser Art erbringen deshalb Segen, weil ein solches Maßhalten Lebensreife und Glückstiefe zur Folge hat. Nur durch horchbereite Rücksicht aufeinander entsteht mehr Liebe, die dadurch auf Dauer hoffen kann. Wer in dieser Weise Ehe als eine, gewiss nicht immer einfache, aber große, sinnreiche, kostbare Aufgabe füreinander und miteinander versteht, kann überhaupt erst ein instinktsicheres Misstrauen gegen all die Angebote zur Lust ohne Reue, zu all den glücksverheissenden Künstlichkeiten unserer Verhütungsindustrie entwickeln. Wie leicht fallen wir Menschen herein auf all das Geglitzer der Angebote zu raschem Glück, die sich im Nachhinein als Fallen von schrecklichem, diabolischem Ausmaß erweisen! Wie nötig wäre es, durch wahrheitsgemäße Aufklärung neu ein Gespür für das Ausmaß solcher Verführung zu wecken!

Es sei allen Ehemännern ins Stammbuch geschrieben, dass sie bei unverdorbenen Ehefrauen eine Vertiefung ihrer Liebe hervorrufen können, wenn diese erleben, dass für ihren Mann ganz bewusst und entschieden die Liebe und Achtung für seine Frau an erster Stelle steht und danach erst (organisch in sie eingewoben) seine eigene Triebbefriedigung. Liebeskultur in der Ehe macht natürliche Familienplanung zur Erziehung eines vernünftigen Abstandes der Kindergeburten möglich, schon ganz und gar, wenn ein Ehepaar sich (am besten bereits vor der Ehe) bewusste Kenntnis über die Körpervorgänge der Frau angeeignet hat.

Eine solche kenntnisreiche Einstellung wird in der Mehrzahl der Fälle auch das Intimleben des Paares in demjenigen Zeitabschnitt, in dem die Frau noch fruchtbar, das Nest aber bereits voll ist, regeln können; denn die meisten Frauen, die mehrmals geboren haben, entwickeln ein erstaunliches Zyklusgleichmaß. In gemeinsamem liebevollem Verantwortungsbewusstsein lässt sich von einem Ehepaar unseres Kulturkreises gewiss eine familiäre Angemessenheit erreichen.

– Viel zu wenig findet also noch Beachtung, dass im Festhalten der Kirche an der natürlichen Empfängnisregelung eine Bemühung um die so notwendige Kultivierung der Liebe enthalten ist, dass es dabei um eine Steigerung unseres Glücks, und damit um eine Dauerhaftigkeit unserer ehelichen Liebesbeziehung, und das heisst gleichzeitig um das Bemühen einer Minderung von Versuchungssituationen, um eine Verhinderung des Abgleitens in lieblose, eher tierische Lebensformen geht. Anweisungen dieser Art enthalten reifes Wissen um das Wesen des Menschen und seine psychischen Gefahren, nicht Unwissenheit, wie mit törichtem Gelächter heute doch häufig unterstellt wird. Es handelt sich vielmehr darum, in großer Übereinstimmung mit dem uns in Christus offenbarten Plan Gottes mit der Menschheit, der Natur unbillige Freiräume zu pathologischer Wucherung zu verwehren.

– Besonders angesichts der Pläne der Bevölkerungskonferenz in Kairo sollten sich bewusste Christen ihrem Papst zur Seite stellen, der hier unermüdlich mit heiligem Ernst mahnt; denn schließlich könnten wir wissen, was der Triumph der Verhütungsindustrie für Folgen hat. Schließlich ist dieser Plan dreissig Jahre lang im Westen Europas gelaufen mit dem Ergebnis eines unsäglichen Verfalls der Sitten, dem Verbrechen der Massenabtreibung und einer gigantischen Zunahme körperlicher und seelischer Krankheiten im Sexualbereich.

Sexualsucht, wie sie zur Zeit so häufig als bittere Frucht enthemmter Sexualität entstanden ist, ist eine seelische Erkrankung, die dem Menschen eine erbarmungswürdige seelische Verarmung aufzwingt.

Dass wir heute Spezialkliniken für derlei Abhängigkeiten einrichten müssen, legt Zeugnis dafür ab, wie sehr der Mensch die Macht der ungezähmten Natur in Gestalt seiner Sexualkraft unterschätzt und seine eigene Willenskraft überschätzt hat. Kondome sind nicht allein deshalb fragwürdig, weil sie keine absolut sichere Gewähr bieten, um eine Ansteckung mit der tödlichen Geschlechtskrankheit Aids oder unerwünschte Schwangerschaft zu vermeiden; sie sind es auch, weil durch sie wie auch durch die Antibabypille die willentliche Beschränkung des Geschlechtstriebes aus Liebe und Verantwortungsbewusstsein verlernt werden kann, so dass schließlich nicht Befreiung zur Sexualität, sondern Diktatur der Sexualität daraus resultiert.

Gerade auf diese Weise aber entsteht langfristig immer mehr Unmenschlichkeit, ja Lebensfeindlichkeit! Es sind sexualsüchtig gewordene Männer, die von ihnen abhängige, junge Angestellte, ja, die sogar ihre eigenen Töchter sexuell missbrauchen! Sexualsüchtige Getriebenheit ist die Ursache von Serienvergewaltigungen; Sexualsucht nötigt die Befallenen, sich an Perversionen auszuliefern, die ihr Gewissen schwer belasten und ihr Selbstwertgefühl zerstören.

Und je mehr Menschen sexualsüchtig gemacht worden sind, um so mehr verfallen sie dem Versuch, das Vergötzungskonzept von Sexualität auch – am besten mit Hilfe der Medien – möglichst vielen anderen aufzunötigen, um durch Mehrheiten eine Art Solidarität der Sünder und damit eine Entlastung von eigener Verzweiflungsnähe zu erreichen.

Freiheit in der Familie gibt es für uns Menschen nur, wenn wir Mut zur Demut entwickeln, um uns in kluger Akzeptanz den Ordnungen Gottes und diesem Liebesgebot zu unterstellen. Das ist ein Auftrag, an dem wir in der Familie zwar lebenslang zu tun haben, der uns aber auch mit dem schönsten Lohn beschenkt: Mit dem Gedeihen der Familie als einer kultivierten Liebesgemeinschaft.

Aufwachen in später Stunde!

Jüngst ist eine furchtbare Eiterbeule aufgegangen: Es kam ans Tageslicht, dass ein belgischer Mann als Kinderfänger, Kinderschänder und Kindermörder entlarvt wurde. Er entführte meist Mädchen in der Vorpubertät (zweimal auch ältere), setzte sie unter Drogen, missbrauchte sie vor laufender Kamera und machte dann mit den daraus angefertigten Videos ein Bombengeschäft, weil diese pädophilen Szenen einen reissenden Absatz fanden. Die Kinder wurden nach entsetzlichen Quälereien umgebracht, zwei Neunjährige verhungerten während einer Inhaftierung des Verbrechers in einem Keller, da er diese einfach vergessen (!) hatte. Bereits zum zweiten Mal waren die düsteren Geschäfte des Herrn Dutroux der Polizei aufgefallen – aber man ließ ihn nach kurzzeitigen Strafen immer wieder laufen.

Die Öffentlichkeit horcht nun zwar erschrocken auf und fordert mit Recht harte Bestrafung des Täters und seiner Komplizin, der eigenen Ehefrau, selbst Mutter zweier Kinder, Akademikerin, die in ihrer Region eine beliebte Lehrerin (!) war; aber mit dem Entsetzen über die Taten dieses Paares allein darf man sich nicht beruhigen. Es ist zwingend, nach dem Hintergrund dieser Kindsmisshandlungen und Kindermorde zu fragen, die tieferen Ursachen aufzudecken und daraus endlich Schlüsse zu ziehen.

Als erstes darf nicht daran vorbeigesehen werden, dass die Furchtbarkeiten, der schwungvolle Handel mit Filmen sexuell missbrauchter Kinder, nur möglich werden konnten, weil er so floriert, dass der Mörder sich vom Erlös mehrere Häuser kaufen konnte. Es bestand und besteht also ein ausgedehnter internationaler Markt – besonders in Deutschland – für solche Videos, das heisst: Jede Menge pervertierter Menschen hat ein großes Interesse daran, sich derartige Produkte zu kaufen und anzuschauen. Es gibt also in Mitteleuropa ein breitgefächertes Potential an (weitgehend männlichen) Wesen, die so verroht sind, dass es für sie ein besonderes Vergnügen ist, sich am Anblick sexuell missbrauchter Kinder zu weiden.

Das heisst: Es gibt hierzulande zahllose Menschen mit sadistischen, voyeuristischen und pädophilen Gelüsten. Setzt man diese mehr als berechtigte Vermutung in Beziehung zu der Hochrechnung von Fachleuten, die besagt, dass in Deutschland pro Jahr ca. 300'000 Kinder sexuell missbraucht werden, so taucht die grauenvolle Wahrscheinlichkeit auf, dass die Betrachter solcher Videos offenbar so auch zur Nachahmung der dort vorgeführten Szenen angeregt werden. Es lässt sich vermuten, dass der sexuelle Kindsmissbrauch geradezu boomt.

Diese Entwicklung ließ sich voraussagen. Sie ist die Folge eines allzu leichtfertigen Umgangs mit der Großmacht Sexualität.

Die Entstehungsgeschichte dieser Fehlentwicklung ist rasch zusammengefasst: In der Mitte der sechziger Jahre erreichte (gleichzeitig mit der Freigabe der Anti-Baby-Pille) von den USA her anrollend die Sexwelle Europa. In Deutschland machte 1968 die Studentenrevolte, die es sich zum Ziel setzte, die Gesellschaft zur Anarchie zu verändern, die «Befreiung zur Sexualität» zu einem Programmpunkt ihres «Marsches durch die Institutionen».

Die Lust avancierte zum höchsten Garanten des Lebensglücks. Die Sexualität wurde infolgedessen ihrer

Tabuzonen enthoben. Alle herkömmlichen Bastionen der Eingrenzung wurden als eine zu überwindende «Leibfeindlichkeit» diskriminiert.

Es wurde die Parole ausgegeben, dass der Mensch so früh wie möglich mit Sexualität vertraut zu machen sei. Eine Schwemme von Aufklärungsaktionen setzte ein, damit die Menschen bis zum Beginn der Pubertät für jegliche sexuelle Betätigung aufbereitet seien; denn so war und ist bis heute der Tenor (bis in die Aufklärungsbroschüren der Regierung hinein): Jegliche Formen von Sexualität dienten gleichermaßen der Steigerung des Lebensgenusses. Sie hätten deshalb alle eine gleich gute Gültigkeit, wenn sie nur gekonnt so gehandhabt würden, dass keine Kinder dabei entstünden.

Erklärtes Ziel war es, die Kinder und Jugendlichen zu sexueller Betätigung jedweder polymorph-perversen Spielart zu animieren, um mit ihrer Hilfe (durch die Zerstörung ihrer familiären Bindungen) die Überwindung des kapitalistischen Gesellschaftssystems zu erreichen.

Die sexuelle Befreiung der Jugend hatte das Ziel, sie als «revolutionäres Potential» in diesem Kampf einzusetzen.

Und schmackhaft gemacht werden sollte dieses – meist schön gefärbte, notdürftig verschleierte Ziel mit Hilfe einer Ideologie, die mit seltener Unverfrorenheit plötzlich als Wissenschaft verkauft wurde: der absurden Idee, dass Sexualität vom Säuglingsalter ab gelernt, ja, trainiert werden müsse, um zu ihrer lustvollen Entfaltung zu gelangen.

Dieser Inszenierung wurde mit der Übernahme der SPD/FDP-Regierung ab 1969 alle Tore meilenweit geöffnet: Erziehung zur Sexualität vom Kindergartenalter an wurde zur Devise. Die sexuelle Aufklärung in der Schule – gerade erst in pfleglicher Sorgfalt für das Jugendalter eingeführt – fiel jetzt vom Grundschulalter an der ideologischen Verfrühung zum Opfer. Blutige Filme über die Geburt, pornographisches Bildmaterial, unflätige Theaterstücke («Was heisst hier Liebe?» und «Darüber spricht man nicht») überschwemmten – fleissig gefördert durch die Administration – die Klassenzimmer.

Die Jugendzeitung BRAVO, allwöchentlich millionenfach ausgestreut, installierte eine Sexseite, auf der der «Ratgeber» Dr. Sommer (ein Pseudonym) regelmäßig seine kindsverführenden Anregungen in die Kinderzimmer ausstreute. Die Institution «Pro Familia» schwenkte voll in den Trend ein, bis zur Befürwortung und Durchführung von Abtreibungen.

Die Bevölkerung zeigte sich (von einigen als reaktionär gebrandmarkten Restposten abgesehen) rasch für diese Trends aufgeschlossen. Die Medien erkannten stehenden Fußes die pfündige Quelle für noch bessere Verkaufs- und Einschaltzahlen. Von der Mitte der siebziger Jahre ab war die Situation so weit gediehen, dass die einschlägigen Paragraphen, besonders der 184 nur noch zu unwirksamen Instrumenten der Jurisprudenz absanken:

In der 4. Strafrechtsreform wurde die «einfache Pornographie» freigegeben. Bald gab es immer weniger Verurteilungen wegen der noch strafbaren «harten Pornographie» und immer weniger Verurteilungen von Kinderschändern (182 StGB).

1976 gelang die erste Etappe zur Legalisierung der Abtreibung durch eine Aufweichung des Paragraphen 218. Die Befreiung zur Sexualität – vor allem gerade auch der Kinder und Jugendlichen – war voll erreicht.

Die wenigen Restparagraphen – auch auf dem Sektor Homosexualität mit Jugendlichen bis zur Unwirksamkeit eingeschränkt – wurde immer weniger in Anspruch genommen. Die Hüllen fielen auf der ganzen Bandbreite. Die täglich millionenfach in Augenschein genommene aufreizend nackte Schöne in der Bild-Zeitung (bzw. in der Kronen-Zeitung in Österreich, oder im Blick in der Schweiz) hat – so können die Macher sicher sein – mit Pornographie angeblich ebenso wenig zu tun wie die TV-Sendungen nach Mitternacht und die pornographische Videoschwemme. Das alles sei «Kunst» – und deshalb sei verdammt, wer hier Übles denke; er erweise sich allenfalls selbst als Relikt vergangener Zeiten mit einer verklemmten Sexualität...

Diese rasante Entwicklung wurde möglich, obgleich Leute vom Fach wissen konnten, wie negativ die Ergebnisse sein würden. Das dreissigjährige Großexperiment ließ sich von vornherein als halsbrecherisch kennzeichnen. Schließlich gab es bereits bis zur Mitte dieses Jahrhunderts eine gut fundierte Sexualwissenschaft. Über die Entstehung der Perversionen existierten – gefördert vor allem durch die Psychoanalyse – Bibliotheken von gesammelten Erfahrungen.

Es war bekannt, dass es eines sehr sorgsamen Umgangs mit Sexualität besonders im Hinblick auf die Kinder bedurfte, damit keine neurotischen Fehlentwicklungen und vor allem auch keine Fixierungen an den verabsolutierten Trieb entstünden.

Als Psychotherapeut für Kinder und Jugendliche konnte man deshalb voraussagen, dass durch eine so durchgängige ideologische Enthemmung vor allem Sexualsüchten und Perversionen in großem Umfang Vorschub geleistet werden würde. 1971 ging ich deshalb mit einer Arbeit unter dem Thema: «Manipulierte Maßlosigkeit – zur Sexualität befreit, zur Abartigkeit verführt» an die Öffentlichkeit, um vor einem so gefährlichen Tabubruch vom Kindesalter ab zu warnen. Aber wissenschaftliche Argumentation galt von nun an nicht mehr. Sie wurde durch Ideologie ersetzt, die sich skurrilerweise als die «neue», die «fortschrittliche» Wissenschaft verkaufte.

Diese Situation begann zunehmend mehr eine Herausforderung für die Kirchen zu werden; denn schließlich gab die Bibel, gab auch das neue Testament ganz entschieden eine andere Zielrichtung vor. Sie raten zu sorgsamer Eingrenzung der Triebbasis, um das eigentliche Ziel: Kultivierung des Menschen mit Hilfe von opferbereiter, gottgefälliger Liebe nicht zu verstellen. Die Vergötzung der Sexualität, so lässt sich hier lernen, bedeutet Verstoß gegen das erste Gebot. Sie ist eine dumme Sünde, weil sie überheblich einen Teil der Natur des Menschen an die Stelle Gottes setzt.

Der evangelischen Kirche gelang es dennoch nicht, dem epidemischen Zeitgeist zu widerstehen. Sie öffnete ihre Akademien und ihre Kanzeln den verwildernden Trends und versagte so zum zweiten Mal in diesem Jahrhundert angesichts des Ansturms einer eigentlich atheistischen Ideologie.

Die katholische Kirche bekam besonders mit dem Pontifikat von Johannes Paul II. einen unerschütterlichen Rückhalt durch eine Kette von Verlautbarungen und Enzykliken zum Thema Sexualmoral, in denen der Papst die unaufgebbare Gegenposition der Mater Ecclesia markierte. Weite Teile der Insider ließen sich freilich dennoch anfechten und sogar zur Rebellion aufstacheln, besonders häufig mit Hilfe von Materialien – z. B. der Sexspiele – des BdKJ.

Auch die CDU-Regierung ab 1982 erwies sich als nicht fähig, der immer größer werdenden Schutzlosigkeit der Kinder entgegenzuwirken. Im Gegenteil: Nach dem Auftauchen von Aids gerieten ihr die Aufklärungsschriften aus der Bundeszentrale für gesundheitliche Aufklärung zu dem beschämenden Versuch, die neue tödliche Gefahr zu verharmlosen, um einen Rückzug der Kids aus der Frühsexualisierung nachdrücklich zu verhindern. Die gekonnt schmackhaft gemachte Kindsverführung wurde so fortgeführt.

Die Moderne hat die Großmacht Sexualität leichtfertig in einer verheerenden Weise fehleingeschätzt. Es ist dem Menschen unbekömmlich, den so mächtigen, notwendigen Lebensbeweger Sexualität aus seinem Zusammenhang zu reissen. Sie hat das mit allen Grundtrieben des Menschen gemein: Isoliert man sie, setzt man sie absolut, so beginnen sie zu wuchern und den Menschen seiner Freiheit zu berauben. Sein Wille erweist sich allzu oft geringer als der hochgezüchtete, aufgereizte und absolut gesetzte Antrieb. Er verselbständigt sich und zwingt so die Menschen in die Sucht. An den Trieb gefesselt verlieren sie ihre Willensfreiheit – nicht sie sind noch in der Lage, den Trieb zu beherrschen, sondern dieser beherrscht sie. Er fordert durch immer größer werdenden Druck seinen Tribut. Der Mensch wird zu seinem Sklaven. Pornographisches Material wird zum süchtig gesuchten Moloch.

Diese Entwicklung hatte zur Folge, dass jede Menge verderblicher Ware für Kinderaugen und -ohren den Medienmarkt überschwemmte. Aus sexualisierten Kindern wurden sexualsüchtige Erwachsene – besonders unter den Männern. Die frühe Stimulierung des Antriebs drängte später zur immer gleichen, oft nur schein-befriedigenden Entlastung; denn die Sexualität der so Fehlgeleiteten blieb auf das Kind fixiert. Ein Teil ihrer Seele selbst blieb infantil. Auf diese Weise wurden pädophile Bedürfnisse enorm verstärkt. Obgleich die Verführten sich dann im Erwachsenenalter als Täter gebärden, sind sie im Grunde doch erbarmungswürdige Opfer einer ihnen aufgenötigten Triebsucht im Wiederholungszwang.

Diese Fehlentwicklung zur Pädophilie findet heute um so häufiger statt, je mehr das Kind unzureichend betreut wird. Fehlender familiärer Hintergrund, nicht ausreichende Anwesenheit der Bezugspersonen, das Fernsehen als ein schädigender Ersatz für eine ausreichende Bindung an nahe Verwandte – eine Situation, die nur allzu häufig die Kinder heute in unseren Gesellschaften erleiden – bereiten diese Fehlentwicklungen vor. Die Kinder gehen auf die Suche nach Liebe und Zärtlichkeit, so dass sie zur leichten Beute von Kindsverführern werden.

Die Eskalation der Pädophilie und anderer Perversionen, die horrende Zunahme des sexuellen Kindsmissbrauchs auch im privaten Bereich als konsequente Folge der Fehlentwicklung ist eine große Herausforderung besonders für katholische Gläubige.

Spätestens jetzt, angesichts der aufgeplatzten belgischen Eiterbeule, sollte das einen Aufbruch hervorrufen. Es ist an der Zeit, nicht weiterhin verantwortungslosen Schreibtischtätern und Geschäftemachern das Feld zu überlassen.

Es ist in später Stunde noch möglich, Tritt zu fassen, sich neu an den vorhandenen Orientierungsmöglichkeiten der katholischen Kirche auszurichten und kämpferischen Mut zu entwickeln, wenn es darum geht, den manipulierten Enthemmern das Handwerk zu legen.

Eine zusätzliche Gefährdung unserer Kinder entstand in den vergangenen zwanzig Jahren auch dadurch, dass – wie auch am Fall Dutroux erkennbar – die Täter in leichtfertiger Fehleinschätzung (wenn sie – was selten genug geschah – angezeigt wurden) meist nur mit kurzfristigen Gefängnisstrafen zu rechnen hatten. Das lag daran, dass der ideologische Trend auch die Revisionsmöglichkeit bei Sexualstraftätern überschätzte. Sexualtäter sind in den allermeisten Fällen Sexualsüchtige, und das heisst, dass der pathologisch gewordene Drang stärker ist als der Wille und den Menschen so zum Wiederholungstäter macht. Es ist dringend an der Zeit, dass hier endlich wieder Erfahrungswissenschaft an die Stelle einer blauäugigen Fehleinschätzung tritt.

Nötig ist dazu auch ein wachsamer Protest gegen die enthemmenden bzw. pornographischen Trends im Fernsehen, die unsere Kinder mit Jugend-Talkshows und Sex-Szenen schon am frühen Abend in eine falsche Weichenstellung ihres Lebens zu nötigen suchen; denn nur wacher Widerstand vieler mündiger Bürger, die auf dem Boden des Christentums stehen, kann es vielleicht noch bewirken, dass hier eine Umkehr möglich wird.

Vor allem müssen die unzähligen leichtfertigen verantwortungslosen Schreibtischtäter (besonders in staatlich hochsubventionierten Institutionen und Gazetten) zur Verantwortung gezogen werden; denn sie tragen schwere Schuld. Ja, viele von ihnen machen nun biedermännisch die belgische Katastrophe abermals zu ihrem Geschäft, nachdem sie vorher jahrzehntelang daran mitgewirkt haben, dass es zu solchen Auswüchsen kam.

Auf eine Veränderung ist nur zu hoffen, wenn diese Zusammenhänge durchschaut werden und in der vom Grauen aufgeschreckten Bevölkerung eine radikale Einstellungsänderung erfolgt. Aber das hieße vor allem zu erkennen, dass der Mensch maßlos seine eigene Steuerungsfähigkeit überschätzt hat – dass er dumm und überheblich das Machen nach der eigenen Mütze an die Stelle des Hinaufhorchens und -fragens gesetzt hat. Erst nach einer solchen Rückkehr zur Realität menschlicher Ohnmacht angesichts der Mächte über ihm ließe sich auf echten Fortschritt hoffen.

Was haben die Probleme unserer Jugend mit dem Glauben zu tun?

Der 16jährige Thomas weigert sich, weiter die Schule zu besuchen. «Ist doch alles Mist», sagt er zu mir in der Sprechstunde. «Ich sehe überhaupt nicht ein, was das alles soll. Das sieht man doch schon so richtig vor sich: Das ganze Leben lang schuften, zwischendurch ‹mal drei Wochen Urlaub. Nein, ich will das eben nicht!»

«Was machst du statt dessen?» frage ich.

«Gammeln», erwidert Thomas und streckt die langen Beine von sich, schaut mich dabei aber im Grunde verstohlen verzweifelt an.

«Taugt das auch nichts?» frage ich deshalb.

«Nein, nicht auf die Dauer», meint Thomas, «ich glaub', dabei verblödet man allmählich.»

«Aber», stößt er dann wütend hervor, «ich weiss eben einfach nicht, was dieses ewige Geschufte für einen Sinn haben soll. ‹Kannste was, biste was›, sagt mein Vater, und meine Mutter klopft ähnliche Sprüche nach dem Motto: ‹Ohne Fleiss, kein Preis – dann kannst du eben ein Mädchen aus gutem Hause heiraten, ein Häuschen bauen, am Sonntag in tollen Klamotten spazieren.› Aber das finde ich alles eh blöd.»

Thomas versinkt in schmollendes Schweigen. Er ist in einer Sackgasse. Und das stimmt sogar: So für sich, ohne einen Zusammenhang, sind alle diese ‹Lebensziele› ebenso oberflächlich wie unschmackhaft.

Und dennoch kann gerade die Verweigerung, das ‹Ohne mich!› an der dann regelmäßig auf die Dauer einsetzenden Missstimmung aussagen, dass die verplemperte Zeit, das vertrödelte Leben leider auch nichts taugen.

Aber es taugt auch kein anderer sogenannter Wert einfach so.

«Pflicht», stößt Thomas verächtlich hervor, «was soll das bringen? Ist doch nur lächerlich. ‹Verzicht› auf Dinge, die gewissermaßen auf der Straße liegen, was könnte das für einen Sinn haben? ‹Vaterlandsverteidigung›, eine Art Selbstmordphantasie, ‹Gefälligkeit›, ‹Dankbarkeit›, ‹Rücksicht› – lauter Luxusanstrengungen! Schön, man sagt, das seien Werte, sei also wertvoll. Aber darauf kann man doch pfeifen. Wenn man so lebt – ‹diszipliniert› nennt man das, glaube ich (mein Vater sagt: auf Zack sein) – das ist doch einfach nur mühsam, immer irgendwie unangenehm und künstlich gemacht, sinnlos übertrieben. Darüber hinaus ist es noch nicht mal mehr sicher, ob ich, wenn ich mich über mindestens zehn Jahre weiter so abschufte, nachher auch einen Arbeitsplatz finde. Die werden jetzt verdammt knapp im Computerzeitalter. Man braucht ja von unserer Generation höchstens noch die Hälfte! Wie soll das gehen? Da steige ich doch lieber gleich aus! Und glauben Sie jetzt ja nicht, dass ich depressiv bin oder was auch immer. Das ist ein ganz rational gefasster Entschluss, ganz cool», sagt Thomas, guckt mich dabei aber doch ratlos an.

Hat er nicht recht, dieser Thomas? Ist die Situation für unsere Jugendlichen nicht wirklich misslich?

In meiner Praxis gibt es viele Jugendliche, die diese Stimmung in selbstgemalten Bildern aus dem Unbewussten darstellen. Eine Zwanzigjährige zeichnete jüngst eine Gestalt, die von Schwärze umgeben wie in einer Höhle sitzt, deren Decke einzustürzen scheint, bedroht von einer Draculaähnlichen Fratze mit bleckendem Maul, Riesenzähnen und grüngiftig aufgerissenen Augen.

Eine andere zeichnete sich auf dem letzten Reststück eines abbröckelnden Planeten, angeklammert an einen toten Baumstamm, in der Gefahr, in ein von toten Monden durchzogenes Universum zu stürzen.

Lauerndes Verhängnis generell – das ist die Stimmung vieler junger Menschen, eine Stimmung, die manche von ihnen heute zu betäuben suchen durch Tabletten, Alkohol und Rauschgift, durch Lärm aus der Röhre, um die miese Stimmung nicht mehr wahrzunehmen, sie nicht mehr im Nacken zu spüren. Aber sie holt sie dennoch ein, und sie brauchen für ihre Flucht vor ihm immer mehr vom betäubenden Gift: mehr Zigaretten, mehr Valium, mehr Alkohol, mehr Hasch, mehr Ecstasy, mehr Heroin, mehr Lärm, mehr Ablenkung.

Was sind das eigentlich für merkwürdige Symptome mitten im tiefsten Frieden, mitten im Wohlstand, mitten in einer Zeit, in der die Versicherungskonzerne einen soviel größeren Raum einnehmen als die Kirchen?

Nun, diese Jugendlichen sind schließlich wirklich bedroht, vielleicht mehr und zentraler als andere Generationen vor ihnen. Viele von ihnen spüren nämlich dumpf, ohne das bewusst zu erkennen, dass jetzt sowohl ihre Zukunft wie ihre Seele in Gefahr ist. Da sind erst einmal schon reichlich finstere Wolken am Horizont der Weltgeschichte aufgetaucht:

Seit etwa zwanzig Jahren ist die Rüstung weltweit so weit fortgeschritten, dass es nur einigen Knopfdrückens bedarf, um das gesamte Leben auf der Erde auszulöschen. Was für ein ungeheuerlicher, nie dagewesener Vulkan, auf dem wir da sitzen, im Grunde abhängig davon, dass die Machthabenden wo auch immer normale Menschen bleiben und nicht irre sind wie Hitler, der 1945, als er selbst mit dem Rücken zur Wand stand, gewiss alle Welt mit in den Strudel seiner Selbstvernichtung gerissen hätte, wenn er dazu noch in der Lage gewesen wäre; abhängig also vom gesunden Hirn einiger weniger Machthaber.

Aber es ist ja nicht nur der Vernichtungskrieg allein, der die Zukunft gefährdet. Bedroht sind wir speziell in unserem Menschsein, in unserem Personsein durch das Erdrücktwerden von einer immer mehr Anonymität fordernden, kalten, lieblosen, bürokratisierten, der Macht technischer Umwälzungen ausgelieferten Welt. Sie macht uns zu Rädchen im Getriebe, sie entpersönlicht durch ihre unerbittliche Mechanik, sie lässt die Seele nicht leben, sondern setzt dazu an, sie zu ersticken. Bedroht ist besonders die Jugend auch durch den alles verschlingenden Moloch Materialismus, gleich ob er sich in der Geldsucht des einzelnen, der Gewinnsucht finanzkräftiger Konzerne wie im Hinblick auf die Jugend besonders verheerend die Wochenzeitung «Bravo», oder in der Gestalt einer verwöhnenden Lebensart äussert.

Bedroht sind wir alle, aber besonders die Jugend durch manche Auswüchse unserer so super-tüchtigen Naturwissenschaft, die, statt ihre Grenzen zu erkennen, diese unentwegt überschreitet und eingreift, wo sie nicht eingreifen dürfte, weil sie lebendige Wirkgefüge zugrunde richtet. Ich meine jene Manipulationen, die von der Zerstörung der natürlichen Umwelt bis zur Zerstörung des menschlichen Lebens reichen – Verstrahlung, Vergiftung, Genschädigungen, Abtreibungen, hormonelle Unfruchtbarmachung der Frau und zu rasch verordnete medizinische Eingriffe vielfältigster Art.

Und viel bedrohlicher noch ist die geistige Giftwelle, z. B. eine Haltung, die man als Egotrip bezeichnet, dass man sich um niemanden und nichts zu kümmern brauche als um das Ausleben seiner eigenen Bedürfnisse, der eigenen Bequemlichkeit, der eigenen Unterhaltung in der Freizeit.

Aber viele junge Menschen, die darauf setzen, merken schließlich – wie unser Thomas –, dass sie dadurch nicht zufrieden werden. Einige gehen deshalb wie er in eine resignierte Passivität, andere machen sich auf die Suche, aber manche landen dann bei den Wölfen im Schafspelz: bei Sekten, die sie total vereinnahmen und ihnen die Freiheit rauben, bei romantischen Ersatzreligionen, die ihnen eine kosmische All-Einheit vorgaukeln (im sogenannten New Age), oder auch bei dem großaufgeblähten Neu-Götzen unserer Zeit, dem Sex, deren Tempeldiener den Jugendlichen weismachen wollen, dass das höchste Ziel des Lebens darin zu bestehen habe, sich von der Kindheit an sexuell zu betätigen.

Das alles hat einen geradezu schauerlichen Krankheitsstand in der Jugend hervorgerufen.

Der Gruppe der 14-21jährigen, dieser kostbaren kleingewordenen Gruppe in unserer Republik, geht es deshalb in einer erheblichen Zahl nicht gut. Drei Viertel der Jugendlichen haben Hascherfahrung (die Zahl der Erstkonsumenten harter Drogen hat sich von 1985 bis 1993 insgesamt verdreifacht). Das Jahr 1994 registrierte an die 1'600 Rauschgifttote, die Mehrzahl Jugendliche. Der Anteil der Straftaten von Jugendlichen stieg vom Jahr 1994 auf das Jahr 1995 um 13% (vornehmlich mit Eigentumsdelikten) auf ca. 300'000 Straftaten.

Im Alter von 17-18 Jahren trinkt nach einer Umfrage fast jeder der Befragten mehrmals wöchentlich Alkohol. Die Zahl des Ecstasy-Konsumenten hat sich innerhalb eines Jahres um 91% erhöht. Und es besteht gewiss ein Zusammenhang, wenn die Zunahme der Arbeitslosigkeit von allen Altersgruppen unter den Jugendlichen am meisten angestiegen ist; denn 200'000 der Jugendlichen zwischen 14-21 Jahren sind bereits alkoholabhängig!

Und längst kennen wir in der Praxis bei Jugendlichen darüber hinaus:

1. die psychische Traumatisierung durch brutale Filminhalte,

2. den Erwerb inhumaner Dispositionen, d. h. ein Verziehen und Verführen zu Unmoral, Desorientierung und Grausamkeit, besonders durch den Einfluss der elektronischen Medien, und dadurch

3. die Gefahr einer generellen Gefühlsabstumpfung. Sie wird zusätzlich noch provoziert, besonders durch Dauer-Phonstärken von Hardrock und Ähnlichem, also durch Dauerlärm aus der Röhre, die Stille gar nicht mehr möglich macht.

Und in dieser Aufzählung darf nicht vergessen werden, wie oft durch dieses Gemisch von Verkünstlichung und seelisch unbekömmlichen Lebensstilen psychische Leiden entstehen: So haben wir in der BRD Zig-tausende von jugendlichen Magersüchtigen (zu 98% junge Mädchen), dazu ungezählte jugendliche Medikamentenabhängige, Fresssüchtige, Fress-Brech-Süchtige, Spielautomatensüchtige, Kaufsüchtige und neuerdings Computer-Süchtige. 23% aller legalen Abtreibungen werden an jungen Mädchen vorgenommen, und die psychischen Schäden, die dadurch entstehen, sind oft langanhaltend und schwerwiegend. Diese Zahlen sind gewiss nicht unerheblich, und es erscheint fraglich, ob nicht – zählte man alle die eben genannten, Seele und Körper schädigenden

Einflüsse zusammen – die Zahl der davon nicht betroffenen Jugendlichen überhaupt noch die Mehrheit wäre. Das zeigt, wie riesengroß und berechtigt unsere Sorge um die Jugend und damit um die Zukunft unserer Republik ist.

Im Rahmen dieses Beitrags können die einzelnen Gefährdungen nicht ausführlich gewichtet werden. Das ist auch nicht nötig, weil die Zusammenhänge – Ursachen wie Hilfen – ausführlich in meinem Schrifttum dargelegt sind. Der Schwerpunkt soll hier ein anderer sein; denn eins ist gewiss: Diese verheerenden Zahlen signalisieren eine enorme Orientierungslosigkeit, ja, eine große psychische Hilfsbedürftigkeit in der jungen Generation. Es fehlt einem Großteil der Jugendlichen an Halt, an Hilfe, an Zukunftsperspektiven.

Gewiss sind das nicht alle. Ich kenne auch noch prachtvolle, seelisch gesunde, ja enorm verantwortungsbewusste Jugendliche, die sich z. B. für die Erhaltung der Umwelt engagiert einsetzen, und es gibt – seelisch angeschlagen oder nicht – große Mengen von Jugendlichen, die sich sogar für den Glauben aufgeschlossen zeigen: ökumenisch die Jugend in Taizé, die Jugend bei den Weltjugendtagen des Papstes (Denver, Loreto, Paris); zu den evangelischen Kirchentagen strömen sie in Massen heran und zum Papstbesuch nach Paderborn und Berlin.

Insgesamt sagt das aus: Krank oder nicht krank, schwach oder stark: Diese Jugendlichen heute sind zwar in einer echt bedrohlichen Situation, aber doch häufig mehr oder weniger bewusst auf der Suche nach Sinn über eine Befriedigung nur ihrer materiellen Bedürfnisse hinaus. Und das ist nur allzu natürlich und entspricht dem Wesen des Menschen. Es gibt keine Gesellschaft auf der

Erde, wenn sie auch noch so primitiv ist, in der nicht Glaube durch spirituelle Rituale praktiziert wird. Das Bedürfnis nach Religion, das heisst – um mit Goethe zu sprechen – ein «Reineres, Höheres, Unbekannteres» anzubeten, gehört zu den Urbedürfnissen des Menschen; der Mensch hat angeborenerweise universal ein religiöses Bedürfnis.

Das ist unserer Jugend durch den Wohlstand und die über Jahre fast täglich wiederholte Abwertung des Glaubens in den elektronischen Medien lediglich verschüttet worden.

Und deshalb muß sich unsere Gesellschaft, müssen sich die Verantwortlichen für die Erziehung der Kinder eingestehen, dass es ein Zeichen ihres Versagens ist, wenn erkennbar wird, dass immer mehr Jugendliche ins Schleudern geraten, dass sie zu Rauschmitteln greifen, um das berechtigte Unbefriedigtsein ihrer Seele zu kompensieren; wenn es immer mehr Jugendliche gibt, die ohne jegliche Beziehung zum christlichen Glauben in ihr Erwachsenenleben hineingehen. Versäumnisse der Erwachsenen werden durch diese Symptome sichtbar. Die Probleme unserer Jugend heute sind eben vorrangig ein Problem der Erwachsenen, sind ein Niederschlag eines bestimmten Zeitgeistes – und dieser Zeitgeist ist insofern krank, als eines der lebensnotwendigen Bedürfnisse des Menschen, das Gefühl von Sinnhaftigkeit seines Lebens durch ein waches Bezogensein auf Gott, verlorengegangen ist.

Dass dieses Bezogensein heute für eine sehr große Zahl von Menschen nicht mehr sicherer Existenzgrund ist, macht eines der wesentlichsten Krankheitszeichen aus, die man mit dem Wiener Psychiater Frankl geradezu als eine kollektive Neurose bezeichnen kann. Diese kollektive Neurose äussert sich gemäß ihrer Wurzel vor allem in der Langeweile. Sie ist zu einem seelischen Krankheitszeichen erster Ordnung geworden. Ja, die Langeweile kann geradezu tödlich sein. Diese Form der Krankheit der Leere, das Gefühl der Sinnlosigkeit, kann zu einer Depression führen, die als letzte Konsequenz den Selbstmord als Keim in sich trägt. Der Nihilismus unserer Zeit hat seine Wurzel in der Sinnentleerung, dem Geistverlust der Menschen heute.

Unsere Jugendprobleme lassen sich deshalb sicher nicht allein als übliche Pubertätsproblematik abtun, sondern sie sind u.a. auch als ein geistiger Mangel aufzufassen. Weniger als irgendeine Altersstufe ist im Grunde gerade die Jugend in der Lage, ein Gefühl von Sinnlosigkeit, das ihr aus der geistigen Ohnmacht, aus der materialistischen Oberflächlichkeit der Erwachsenen und aus der Bedrohung durch die selbstverschuldete Vernichtung unserer Lebensbedingungen zufließt, zu ertragen. Denn es ist eben doch *die* lebensnotwendige geistige Aufgabe der Pubertät, in die übergeordneten Werte ahnend und erkennend hineinzuwachsen.

Aus diesem Unvermögen, die Sinnlosigkeit zu ertragen, die ihnen aus der Lebensweise der Erwachsenen entgegenschlägt, wächst unterschwellig sogar bereits ein revolutionärer Impuls und die Gefahr zu unkritischem Mitläufertum bei mehr oder weniger gewaltsamen Protesten, wächst das Bedürfnis nach Betäubung im Hardrock- und LSD-Rausch, in der Spielsucht, im Geschwindigkeitsrausch, in der Krawallsucht und im Bandenwesen. Das beschleunigte Tempo des Lebens heute ist ohnehin der Versuch, das existentielle Vakuum zu übertönen. Alle Sucht geht letztlich aus einem tief unbefriedigten Suchen der Seele hervor, bedeutet unzureichende Flucht in eine Sackgasse, in eine die Seele nie stillende Ersatzbefriedigung. Damit wird deutlich, dass bei unserer Jugend keine unfassliche Entartung eingetreten ist, sondern eine Umwandlung als Reaktion auf eine veränderte Welt.

Wenn wir irgendeine Chance haben wollen, durch all diese Verdrängungen und Verkleisterungen hindurch die Jugend für den Glauben wieder aufgeschlossen zu machen, dann muss ihr ein Bewusstsein darüber vermittelt werden, was unsere Stunde geschlagen hat: nämlich dass wir wirklich am Abgrund stehen, und zwar eindeutig dadurch, dass wir selbstverschuldet maßlos und überheblich geworden sind.

Und das hat seine letzte Ursache darin, dass wir Gott vergessen haben! Wir haben die von Ihm gesetzten Grenzen nicht eingehalten, wir haben selbstherrlich gemeint, alles nach eigener Maßgabe, nur nach dem größten Nutzwert machen zu können. Wir haben viel zu unbedenklich verändert. Gott hat uns, seinen Geschöpfen, unabdingbare Vorgaben gemacht. Die haben wir nicht eingehalten. Das ist die Ursache all unseres Elends. Darauf müssen wir uns besinnen und unserer Jugend Ansporn geben, es besser zu machen.

Die Jugend muss – gerade wenn ihr klar wird, wie dem Thomas im obengenannten Fall, dass unser gesellschaftliches System zur Zeit im Begriff ist, sich festzufahren – darüber informiert werden, dass es auf nichts anderes so sehr ankommt wie auf eine wach gewordene junge Generation, auf jeden Einzelnen mit Klarsicht, mit Engagement, wie auf den Willen, sich in die Bresche zu schlagen, um zu retten, was sich noch retten lässt.

Es darf der Einsicht nicht ausgewichen werden: Ja, es wird uns in der nächsten Zeit vermutlich materiell weniger gut, vielleicht sogar ziemlich miserabel gehen. Ja, Thomas, du hast recht, vielleicht kriegst du wirklich keinen Arbeitsplatz, vielleicht gibt es demnächst überhaupt eine atomare Katastrophe oder was sonst auch immer – aber das ist davon abhängig, ob Gottes Zorn wegen der furchtbaren Sünden der heidnischen Menschen so groß wird, dass er die Vernichtung dieser Gott vergessenden Gesellschaften zulässt, oder ob er sich unser erbarmt, weil er sieht: Es gibt das noch: Menschen, die wirklich umkehren.

Wir müssen also den Jugendlichen begreiflich machen, dass es dabei auf jeden Einzelnen von ihnen ankommt, dass die weltgeschichtliche Entscheidung letzten Endes von der Haltung jedes Einzelnen abhängt. Gott lässt seiner trotz seiner großen Geduld gewiss nicht endlos spotten. Aber er ist auf gläubige Mehrheiten nicht angewiesen. Er hat uns bereits vor 2000 Jahren im Ostergeschehen gezeigt, dass er unter Umständen zahllose Menschen über den Tod hinaus rettet, wenn nur einer aufs Ganze geht, in radikaler, das persönliche Leben einsetzender Treue zu Gott – wie Jesus Christus.

Dies hauptsächlich müssen die Eltern, die Lehrer und die Pfarrer den Jugendlichen vermitteln; denn nur das ist unserer Situation gemäß. Nur das ist Information ohne leichtfertige Beschönigung. Wenn die Jugendlichen begreifen, was unsere Stunde geschlagen hat, begreifen sie auch alles andere, was zum Glauben nötig ist: dass der Mensch ins Chaos, in die Anarchie, in tierische Verhaltensformen zurückfällt, wenn er sein Lebensschiff nicht im Liebesgebot von Jesus Christus verankert: Gott dankbar zu lieben für das von ihm persönlich geschaffene Leben und deshalb zurückzulieben auf die Nächsten zu, die nur in liebendem Verhalten zueinander wirklich zu Menschen werden können.

Wenn Jugendliche diese Zusammenhänge begreifen, werden sie auch wieder selbst das Bedürfnis entwickeln, Gott anzubeten als den allmächtigen Herrn über Leben und Tod, auch ihres persönlichen Tuns und Lassens; dann werden sie sich einsetzen wollen, ohne nach Gewinn und Nutzen zu fragen, und dann werden sie auch jede Menge Mut und jede Menge Kraft durch ihre veränderte Einstellung für ihren Einsatz geschenkt bekommen.

Was die Jugend von *uns* erwarten müsste, wäre vor allem eine eigene klare Orientierung am christlichen Glauben; aber dazu ist es nötig, dass wir selbst wieder klar und bewusst vom Glauben durchdrungen sind, und dass wir infolgedessen möglichst viel Sinn in unser eigenes Dasein investieren, möglichst viele Werte in unserem Leben verwirklichen, indem wir danach streben, uns der Welt preiszugeben mit ihren Aufgaben und Forderungen, uns an die *anderen* zu verschwenden. In dem Maße dann werden wir auch in der Lage sein, ein erfülltes Christentum zu leben, das als Vorbild für diese Jugend *not-wendig* ist.

Wenn das keine leeren Worte bleiben sollen, müssen wir als Erwachsene erst einmal selbst unsere Glaubensbeziehung intensivieren. Denn die kommt schließlich nicht einfach so von ungefähr zustande. Glauben bedeutet, sich auf den Weg zu machen, bewusst nach Jesus Christus, dem Erlöser zu suchen – durch das Lesen in der Bibel, durch das Gebet, ja, besser noch durch regelmäßigen Kirchgang. Tatjana Goritschewa hat uns in ihrem

Schrifttum das unermessliche geistliche Elend der Russen geschildert, wie sie in total verarmter Verzweiflung hinströmen in die glücklicherweise wieder geöffneten Kirchen, wie sie dort stehen über Stunden und Stunden, um nur von dieser ihnen *so* notwendigen Nahrung etwas zu empfangen. Wir müssen als Erwachsene also erst einmal neu begreifen, dass wir nur scheinbar ohne Gott auskommen können, dass uns nur der Wohlstand diese Illusion eingibt, dass er unsere Ohren verkleistert und unsere Herzen verhärtet hat.

Gott aber liebt seine Schöpfung und seine Geschöpfe, er bangt um sie. Deshalb will und sucht er den Menschen, den er schließlich als freien Mitarbeiter geschaffen hat. Wir dürfen, ja, wir sollen Gottes Mitarbeiter sein – ganz besonders die Jugend ist dazu aufgerufen. «Macht euch die Erde untertan», hat er uns angeraten, die Erde, die Materie draussen ist damit gemeint, aber auch die Erde in uns, d. h. alle unsere Antriebe. Auch sie sollen von uns beherrscht, diszipliniert und in Zucht genommen werden, damit sie uns dienen, statt uns gefangen zu nehmen.

Wir können das auch, wenn wir uns an Gottes Grundbedingungen halten, wenn wir auf IHN hören, uns an Sein Wort, wie es in der Bibel und im Lehramt festgeschrieben ist, halten. Wir können dann sehr bewusst Gottes Mitarbeiter sein, die sich mühen, dass die Schöpfung nicht durch den Geist des Widersachers, des Abtrünnigen, des Verweigerers zugrunde geht. Wenn wir uns das klarmachen und uns für diesen konstruktiven Dienst, diesen Lebensauftrag entscheiden, dann finden wir auch unser Maß, weil Er es uns setzt, weil Er uns durch seine Schöpfungsordnung beschützt vor dem Wuchern mit unserem Ich und all den großen Lebenstrieben.

Er schenkt uns dieses Maß, aber nicht nur durch seine Gesetze, z. B. die Zehn Gebote, sondern vor allem durch seine uns jedem Einzelnen geschenkte Liebe, die uns überhaupt nur zur durchhaltenden Liebe zu den Mitmenschen und zu uns selbst befähigt. Freilich – wir haben trotz all der erschütternden Realität unserer bedrohten Situation keine Aussicht, unseren Jugendlichen zu vermitteln, dass sie dadurch zum Einsatz aus dem Glauben heraus motiviert werden, wenn diese Liebe nicht von den Eltern an ihren Nächsten, den Kindern, von Anbeginn an vorgelebt worden ist, vorgelebt als respektvoller Umgang der Eheleute miteinander, vorgelebt durch ihren opferfreudigen Einsatz für die ihnen anvertrauten Kinder durch deren Kindheit hindurch.

In keiner Zeit ist eine so sorgsame, so viel Freizeit opfernde Bemühung um die Kinder notwendig gewesen wie heute! Denn niemals ließen sich durch den so erweiterten Freiheitsspielraum der Erwachsenen Kinder so gefährlich vernachlässigen wie durch all die sie entbergenden Möglichkeiten: durch Scheidung, durch Abschieben, durch Weghören. Kinder brauchen ihre Eltern am Lebensanfang ganz, so weiss die Wissenschaft, wenn sie liebesfähig werden sollen im Erwachsenenalter, wenn sie aufgeschlossen werden sollen für die Liebesreligion Christentum. Eltern müssen durch die Schulzeit ihrer Kinder hindurch mit ihnen leben, dann bekommen sie auch die Chance, sie durch die Krise Pubertät, in der all die modischen Verderber lauern, mit Hilfe von Glaubensüberzeugung hindurchzuretten.

Im Fall Thomas habe ich den Vater z. B. gebeten, sich für ihn an den freien Wochenenden ganz viel Zeit zu nehmen, viel mit ihm allein gemeinsam etwas zu unternehmen, Paddelfahrten und Zeltabenteuer auf unseren schönen Flüssen, und dann die Ohren aufzutun für Fragen, wie Thomas sie mir in all seiner Verzweiflung spontan stellte. Und obgleich der Vater zunächst unwillig ein so «billiges» Rezept abzuwehren suchte, nahm er den Rat dennoch an und erntete Kostbares: eine ganz neue, sich zunehmend mehr vertiefende Beziehung zu seinem Sohn, der sich allmählich sogar aufgeschlossen erwies für die Einstellung des Vaters zum Glauben.

Gelebte Liebe ist die unabdingbare Voraussetzung zu glaubwürdiger Glaubensvermittlung an unsere Jugendlichen. Mit ein wenig Religions- und Firmunterricht ist das heute nicht mehr getan. Die Jugendlichen müssen an der Einstellung besonders ihrer Eltern, aber auch ihrer weiteren Bezugspersonen erleben können: Nur im Hinblicken auf Gottes Liebe wird menschenwürdiges Leben möglich. Dann lässt sich auch vermitteln: Gottes Liebe hat nicht nur jeden Einzelnen von uns geschaffen und mit seinem Liebesgeist beschenkt, er hat uns vor zweitausend Jahren auch vom Tod erlöst! Unsere Seele braucht seitdem jenseits des Todes nicht in ein dunkles Niemandsland abzusinken – sie darf seitdem in ewiger Liebeseinung bei Gott wohnen – freilich unter einer Voraussetzung nur: dass der Mensch am Bund Gottes mit ihm festhält. Das alles ist uns geschenkt als große segensreiche Möglichkeit!

So kann begreifbar werden, dass es Dummheit unserer Moderne ist, auf dieses Glück, auf diese Rettungsmöglichkeit zu verzichten. Denn erst mit dieser Erkenntnis, mit dieser Liebe zu Gott im Herzen können wir überhaupt das Leben bestehen! Und es bekommt erst wirklich Sinn, wenn wir verstehen, dass Gott uns mit so viel Liebe beschenkt, weil er mit unserer Hilfe sein Reich, das Reich der Liebe, bauen will mit dem persönlichen Tun jedes Einzelnen von uns! Wenn wir so denken, dann erst wird jede Freundlichkeit, jede Liebestat, jedes Bekenntnis für Christus, jedes Gebet, jedes tapfere Durchhalten von Leid ganz wichtig, weil sie Mosaiksteine sind für Gottes Reich und sie sind Abbau der Bedrohung der Schöpfung durch den selbstherrlichen Menschen!

Wer von uns kann denn, wenn er das begreift, angesichts unserer Situation noch auf die Idee kommen, Unwesentliches zu tun, hinter dem Tand herzulaufen, hinter Geld, Macht, Prestige, Alkohol und Heroin oder den Fleischtöpfen Ägyptens?

Wer nicht vergisst, was die Stunde geschlagen hat, der weiss auch, wieviel man tun muss, wieviel Wichtiges es zu tun gibt. Als erstes: sich vom Vater Gott im Gebet persönlich Kraft abzuholen, wieder und wieder; als zweites: anderen zu helfen, sich rechtzeitig in diese Entscheidung zu stellen; als drittes und Wichtigstes aber: Gott-Vater zu lieben von ganzem Herzen und von ganzem Gemüt – dazu: Vergebungs- und Opferbereitschaft gegen die Nächsten zu praktizieren im Hinaufblicken zum Sohn, in seinem Geist zu leben und sich führen zu lassen, statt *machen* zu wollen.

Was haben wir denn davon, wenn wir uns selbstherrlich zum Mittelpunkt unseres Lebens machen, wenn wir unseren Nächsten nicht vergeben, sondern auf unser Rechthaben pochen? Was bringt uns das Bemächtigen, das Raffen, das Macht- und Rechthaben, das Wegdrängeln und Fortbeissen aus Neid? Wir sehen doch, wohin eine solche Lebenslinie, eine solche Grundeinstellung des Geistes führt: in die Teufelskreise der Rachsucht, der Selbstzerstörung, ja, in die Fänge des Verderbens für alle Ewigkeit!

Die Hoffnung, besser, treuer, zusammenhaltender, gekonnter, toleranter Gemeinschaft zu pflegen, geht doch nur auf dem Boden dieser glasklaren Bewusstheit! Aus unserer Liebe für Gott, für seine Schöpfung, für die Mitmenschen wird das kommende Reich Gottes gemacht. Solche Liebe nur kennt Respekt, Rücksicht und Achtung und kann zurückstecken. Nur so schaffen wir es letztlich, auf etwas zu verzichten. Auf jeden Einzelnen, auf jedes liebevolle Sein kommt es dabei an! Selbst der Tod vermag dann nicht mehr zu schrecken, weil der Glaube an Gott ewiges Leben zur Folge hat. Wer also auf Gott und seine Worte setzt, kann auch wissen: Wer mit Liebe *horcht*, kann auch *gehorchen*. Und dieses Ge-horchen bedeutet eben, den eigenen Machtanspruch, den überblähten, den schlimmen Teil des Ego in sich zu überwinden, bedeutet schon im Hier und Heute nie mehr wirklich bedroht zu sein.

Wir müssen also aufpassen und unserer Jugend vermitteln, dass wir nicht unversehens im Zwielicht der Ungenauigkeit stehenbleiben, im Zwielicht derer, die meinen, es schade nicht, auch ein bisschen Kommunist zu sein, auch ein bisschen Kapitalist, auch ein bisschen Liberalist und ein bisschen Sonntagschrist. Wir haben zu solchen Halbheiten keine Zeit mehr – es steht viel zu viel auf dem Spiel! Die Schöpfung Gottes, diese Erde, die Gott liebt, ist in Gefahr, vom Menschen, der sich selbst zum Maß aller Dinge machte, zerstört zu werden. Und wir haben nur noch die Möglichkeit, uns zu entscheiden für Christus, und das heisst für den Geist der Liebe und damit für das ewige Leben, oder für den Geist des Adam, des Selbstmachers und damit für ewige Qual. Wie real, wie logisch, wie plausibel, wie absolut wahr ist unser Glaube, zeitlos im Hier und Jetzt, aber auch in Bezug auf die Zukunft unseres Lebens!

Während der törichte Menschenmacher mit dynamitgeschwärzten leeren Händen dasteht – angesichts unserer Situation unausweichlich in totaler Hoffnungslosigkeit –, hat für den Gläubigen jeder Atemzug, jedes Sein und Tun positiven Wert, weil er in einer unzerreissbaren Schutzhülle durch die göttliche Liebe steht, so dass sein Leben durch sie sinnvoll wird! Wir können auch heute noch fröhlich unseren Apfelbaum pflanzen, selbst wenn der Weltuntergang morgen stattfindet; denn wir tun das im Wissen um die Unvergänglichkeit des Guten, ja, alles dessen, was wir für Gott sind und tun.

Wir brauchen nicht mehr zu verzagen, wenn wir uns stellen und sagen: «Herr, erbarme dich meiner», «Herr, hier bin ich!» – Im Gegenteil: Dies ist die einzige, winzige Voraussetzung für unsere Gemeinschaft mit Gott. Wir können dann nicht mehr fallen – es sei denn, angenommen als Sohn, als Tochter mitten hinein in sein Herz. Wie sollten wir je wieder bedroht sein, wie sollten wir uns je wieder ängstigen, wenn wir erfasst sind von dieser heiligen Wahrheit. Diese Haltung, diesen Geist müssen wir unserer Jugend vorleben – dann dürfen wir auch Hoffnung haben, dass wir mit dem Geschenk von Zukunft begnadet werden.

Wer wirft den ersten Stein?

Kürzlich fiel mir ein Jugendbuch über Liebe und Sexualität in die Hände, das einmal mehr allen polymorphperversen Spielarten von Sexualität die gleiche Gültigkeit zuwies und die Jugendlichen von früh auf zum fröhlichen Tun nach eigener Maßgabe ermuntert, gleichzeitig aber sowohl im Vorwort wie im Nachwort ausdrücklich darauf hinweist, dass es sich hier um eine Sichtweise handle, die im Christentum wurzele; denn, so argumentiert der Autor wörtlich:

«Jesus stellt keine Regel und Gesetze auf über Ehe und sexuelle Selbstverwirklichung. Wohl aber kritisiert und korrigiert er bestehende Regeln, wo diese unmenschlich geworden sind. In der Mitte seiner Botschaft vom Reich Gottes steht der Mensch, der seinem Schöpfer gemäß lebt und liebt.

Ihm geht es nicht um Verbote und Einschränkung, sondern um Entfaltung, um ganzes Menschsein. Und das ist auch heute noch gültig. Zum Thema Sexualität finden sich ausser an den Stellen, in denen Jesus über Ehescheidung spricht, keine weiteren Aussagen. Es wird aus keiner seiner Aussagen deutlich, das er eine ablehnende oder eine abwertende Haltung gegen die Sexualität hatte, eher im Gegenteil.»

Christus, der Sexualrevolutionär? Christus, der den alten mosaischen Sündenbegriff auflöst und an seine Stelle die am Kreuz für alle Zeiten erkaufte barmherzige Gnade erwirkt und uns damit den Freipass zur entsündigten Sünde liefert? So jedenfalls will es uns dieser Autor, ein Sexualpädagoge in der Jugendarbeit, Mitarbeiter eines Forschungsprojektes des Bonner Bundesministeriums für Jugend, Familie und Gesundheit, aus seiner Sicht plausibel machen.

Überdeutlich wird an diesem Beispiel, wie dringlich es ist, so nachdenklich und bibelgerecht wie nur irgend möglich der Frage nach der Einstellung des Christen zur liberalistisch gewordenen Moral nachzugehen – und in der Tat, dafür bildet Jesu Auseinandersetzung mit der Ehebrecherin (Joh 8, 3-11) einen zentralen Ausgangspunkt. Dort heisst es:

«Die Schriftgelehrten und die Pharisäer brachten eine Frau herbei, die beim Ehebruch ertappt worden war, stellten sie in die Mitte und sagten zu ihm: ‹Meister, diese Frau ist auf frischer Tat beim Ehebruch ertappt worden. Im Gesetz aber hat uns Moses geboten, eine solche zu steinigen. Was sagst du nun?› Das sagten sie, um ihn zu versuchen, damit sie eine Anklage gegen ihn hätten.

Jesus aber bückte sich nieder und schrieb mit dem Finger auf die Erde. Als sie jedoch hartnäckig weiterfragten, richtete er sich auf und sprach zu ihnen: ‹Wer von euch ohne Sünde ist, werfe als erster einen Stein auf sie.› Dann bückte er sich wieder und schrieb auf die Erde. Als sie aber das gehört hatten, gingen sie weg, einer nach dem anderen, angefangen von den Ältesten. Und er blieb allein zurück und die Frau, die in der Mitte stand.

Da richtete sich Jesus auf und sprach zu ihr: ‹Frau, wo sind sie? Hat keiner dich verurteilt?› Sie aber sprach: ‹Keiner, Herr!› Da sprach Jesus zu ihr: ‹Auch ich verurteile dich nicht. Geh und sündige von jetzt an nicht mehr.›»

Schauen wir uns den Kontext dieser Aussage an, dann wird als erstes deutlich, dass es sich hier um eine sehr spezielle Situation, nämlich um eine von den Pharisäern bewusst gestellte Falle handelt. Sie hegten den Verdacht, dass Jesus Liberalität an die Stelle der mosaischen Vorschriften setzten wolle. Sie fürchteten, und das stand ihnen in ihrer Wächterfunktion nicht nur zu, sondern entsprach ihrer Pflicht, dass Jesus einen zersetzenden Einfluss haben könnte. Deshalb wollten sie ihn offensichtlich mit der Vorführung der Ehebrecherin endlich einmal festnageln.

Sehr deutlich macht nun aber der Fortgang der Geschichte, dass ihnen das nicht gelang; denn Jesus gibt – sein letzter Satz sagt das unumwunden aus – die alte Vorschrift nicht im mindesten auf. Selbst, wenn die Sittenwächter nicht fortgegangen wären, hätten sie aus Jesu Worten ihren Verdacht nicht bestätigt, sondern als entkräftet erkennen müssen. «Sündige von jetzt an nicht mehr», sagt er ausdrücklich und bestätigt dadurch nicht nur das sechste Gebot des Moses, sondern konkretisiert seine Aussage der Bergpredigt, in der es bei Matthäus 5, 17-19 heisst:

«Meinet nicht, ich sei gekommen, das Gesetz oder die Propheten aufzulösen. Ich bin nicht gekommen aufzulösen, sondern zu erfüllen. Denn wahrlich, ich sage euch: Bis Himmel und Erde vergehen, wird nicht ein Jota oder Häkchen vom Gesetz vergehen, bis alles geschehen ist. Wer also eines dieser geringsten Gebote aufhebt und die Menschen so lehrt, wird der Geringste heissen im Himmelreich, wer sie aber tut und lehrt, wird groß heissen im Himmelreich.»

Das muss also klar sein: Auch bei Christus bleibt Sünde Sünde; die mosaischen Gesetze behalten als Schutzzäune für den in die Freiheit gegebenen Menschen ihre Gültigkeit, gewissermaßen als Basis in der Lebensentfaltung eines jeden Menschen. Was Jesus aufhebt, ist allein die Gefahr der Erstarrung des Normenkatalogs durch eine überhebliche, pharisäische Selbstgerechtigkeit gegenüber den sündigen Mitmenschen:

«Wer unter euch ohne Sünde ist, der werfe den ersten Stein», das heisst im Kontext: Die Sache mit der Sünde – das ist die eine Seite –, aber der Menschen Unberechtigtsein zur Verurteilung des Auch-Sünders, der Auch-Sünderin ist die andere. Nicht der Sünde geht es also bei Christus an den Kragen, sondern der Lieblosigkeit im Umgang miteinander, der Überheblichkeit, der Menschenverachtung.

Es ist von größter Wichtigkeit, dass wir als Christen auch heute diese Sachverhalte ebenso klar unterscheiden, wie Christus es damals tat, und wie Augustinus es noch einmal lapidar zum Zweck der so notwendigen Unterscheidung nachformuliert hat: «Den Sünder lieben, aber die Sünde hassen...»

Nun erst sind wir auf dem Terrain, wo wir als bibeltreue Christen wahrheitsgemäß die biblische Aussage auf die strittigen Probleme heute zur Anwendung bringen können: Verurteilen, Naserümpfen, Ausschalten, Diffamieren, Diskriminieren von Sündern ist seit Christi Zeiten bei Christen zwar immer noch viel zu häufig gang und gäbe, aber es ist für unseren Herrn ganz gewiss ein Ärgernis. Liebloser Umgang miteinander ist seit Christus die große neue Sünde, die er uns zu meiden anriet, global ausgedrückt: Gedenke immer des Balkens in deinem eigenen Auge, ehe du dich über den Splitter in dem deines Bruders aufregst.

Diese Bemühung, den Anders-Seienden, den Anders-Handelnden, ja den offensichtlich fehlerhaft Handelnden nicht der Verachtung und der Verfolgung auszusetzen, gehört zu den Neuerungen, die Christus einführte. Immer natürlich handelt es sich um Einstellungsänderungen, die voraussetzen, ein urtümliches, instinktmäßiges, tief biologisches Verhalten zugunsten eines edleren, echt menschlichen Verhaltens zu überwinden.

Freilich ist das für jeden von uns immer wieder schwer; denn die Biologie in uns, die auf den Schutz unseres vitalen Lebensrechts aus ist – sie liebt nun einmal den diffamierenden Klatsch, den «Enthüllungsjournalismus», die hämische Freude über den Unzureichenden, den Fallenden, den Angeprangerten, den mit dem falschen Stallgeruch, den mit dem unangepassten Verhalten; denn das erhebt das primitive Selbstwertgefühl nach dem Motto von Wilhelm Busch: «Und der Onkel lächelt froh, Gott sei Dank, ich bin nicht so!»

Bewusstsein der eigenen Sündhaftigkeit, das Erkennen einer grundsätzlichen Unvollkommenheit unseres Verhaltens, wie es Christus in der Bergpredigt darlegt, gegen diesen primitiven Impuls einzusetzen, das ist eine der entscheidenden Forderungen Christi zur Erhebung des Menschen aus seinem Ur-Biosumpf zu menschenwürdiger, sittlicher Kultiviertheit.

Interessanterweise hat unsere Zeit mit dieser Anforderung von Jesus Christus gar nicht einmal allzu viele Schwierigkeiten. Unser modischer Medientrend hilft sogar mit, Diskriminierung des anderen, z. B. des modernen Aussätzigen (des Aids-Kranken), aber auch des modernen Samariters (der Gastarbeiter), der modernen Sünderinnen (der Call-Girls, Prostituierten und Lesben) zu vermeiden und bei Verstößen gegen unseren Antidiskriminierungstrend vollmundig und öffentlich zu protestieren. Soweit darf man das als echte neue Verwirklichung des großen Christusgebotes verstehen. Und dennoch lauert eine Gefahr, die nur allzu häufig übersehen wird, nämlich diese von Christus geforderte sündenbewusste Bescheidenheit fehlzunutzen und die von ihm gezogene Unterscheidung zugunsten einer Nivellierung der Unterschiede zu verwischen.

Ganz gewiss bin ich nicht berechtigt, z. B. auf eine Frau, die ein uneheliches Kind hat, verachtend herabzuschauen; im Gegenteil: Ich sollte alles nur Mögliche tun, um ihr zu helfen und ihr meine Mitmenschlichkeit zu signalisieren; das heisst aber im christlichen Geist nicht, dass diese meine Toleranz gleichzeitig zur Richtschnur meines eigenen Handelns werden darf, dass ich z. B. in meinem eigenen Leben der ausserehelichen Sexualität die gleiche Gültigkeit zubilligen dürfte wie der ehelichen!

Weil die mosaischen Anweisungen des Dekalogs, wie gesagt, Schutzzäune sind, haben sie sich damals (und ausdrücklich von Christus bestätigt) als ein liebevolles, uns bewahren wollendes Angebot unseres Gottes bewährt.

Deshalb hat eine Kirche, die sorgsam ihres Amtes waltet, als Institution sogar die Pflicht, den biblischen Sündenkatalog nachdrücklich zu bewahren und neuzeitlich zu begründen. Kardinal Ratzinger schreibt zum Beispiel zum Thema Homosexualität: «Es ist nachdrücklich zu bedauern, dass homosexuelle Personen Objekt übler Nachrede und gewalttätiger Aktionen waren und weiterhin noch sind.

Solche Verhaltensweisen sind von den Hirten der Kirche zu verurteilen, wo immer sie geschehen. Sie bekunden einen Mangel an Achtung gegenüber anderen Menschen, der die elementaren Grundsätze verletzt, auf dem ein gesundes, staatliches Zusammenleben fußt. Die jeder Person eigene Würde muss nämlich immer respektiert werden, und zwar in Wort und Tat und Gesetzgebung.»

Aber gleichzeitig nimmt sich die Glaubenskongregation des Vatikans in die Pflicht, die Gläubigen gegen falsche Schlussfolgerungen aus der postulierten Schutzwürdigkeit der Sünder zu ziehen.

Denn Homosexualität ist und bleibt aus biblischer Sicht Sünde, nach Aussage der Glaubenskongregation ist «zwar die spezifische Neigung der homosexuellen Person als in sich nicht sündhaft anzusehen, begründet aber eine Tendenz, die auf ein sittlich betrachtet schlechtes Verhalten ausgerichtet ist.

Wenn homosexuelles Tun als gut akzeptiert wird, oder wenn eine staatliche Gesetzgebung eingeführt wird, welche ein Verhalten schützt, für das niemand ein irgendwie geartetes Recht in Anspruch nehmen kann, dann sollen weder die Kirche noch die Gesellschaft als Ganzes überrascht sein, wenn andere verkehrte Vorstellungen und Praktiken an Boden gewinnen, sowie irrationale und gewaltsame Verhaltensweisen zunehmen.» Mit aller Deutlichkeit weist der Vatikan hier die Vermischung der notwendigen unterschiedlichen Bewertung von Sünder und Sünde zurück und setzt eine scharfklingige Unterscheidung im Sinne von Johannes 8 dagegen.

Für die praktische psychotherapeutische Arbeit ist aber gerade in dieser Unterscheidung des Antidiskriminierungsgebotes: «Wer von euch ohne Sünde ist, der werfe den ersten Stein», und in dem Gebot: «Sündige hinfort nicht mehr», eine geradezu faszinierende Heilungschance enthalten. Denn in diesem Spannungsfeld von Freiraum und Grenzsetzung entsteht ein Ansatz, aus den eingefahrenen Teufelskreisen immer neuer Rückfälle auszubrechen.

Auch und gerade heute, auch und gerade psychologisch vermittelt uns Christus das therapeutische Rezept mit höchster Wirkmöglichkeit: Psychologisch ist es von allergrößter Wichtigkeit, angesichts von Verhaltensweisen, die unser Gewissen im Sinne des Vatikans als ungeordnet empfindet, im nachhinein zu erfahren:

Ich bin nun nicht ausgestoßen – obgleich ich ein uneheliches Kind geboren habe, ich bin nun nicht verachtet, weil ich in einer Ehe ohne Trauschein lebe, es stößt mich keiner aus der Gemeinschaft aus, weil ich homosexuell bin.

Ich brauche die Hoffnung nicht aufzugeben, in eine innere Ordnung zurückzufinden. Ich habe einen gnädigen Gott, der deutlich ausgesprochen hat: «Dann verurteile ich dich auch nicht.»

Du bist in der Hut eines Gottes, der dich versteht, ja, der weiss, wie mies du dich im Zustand des Ungeordnetseins fühlst. Christus hat uns deutlich gesagt, dass er uns nicht verurteilen will und uns damit den Willen und eine entscheidende Eigenschaft seines Vaters offenbart: Seine gnädige, langmütige und immer wiederholte Vergebungsbereitschaft für uns. Die Christus die Füße trocknende Sünderin ergänzt sinnvoll in Lukas 7 diese Aussage: Gott ist in einer unendlichen Größe barmherzig gegen die, die sich demütig und bußbereit in das Licht des Glaubens stellen.

Die Geschichte, die uns diesen Blick zum Heil signalisiert, muss vollständig zitiert werden, weil sie für unsere Orientierungsmöglichkeit und den Weg zu unserem Heil so zentral wichtig ist. Bei Lukas 7, 36 heisst es:

«Es bat ihn aber ein Pharisäer, bei ihm zu essen. Er ging in das Haus des Pharisäers und setzte sich zu Tisch. Da erfuhr eine Frau, die in der Stadt eine Sünderin war, dass er in dem Hause des Pharisäers zu Tische liege; sie brachte ein Alabastergefäß mit Salböl, trat weinend von rückwärts an seine Füße heran und begann, mit ihren Tränen seine Füße zu benetzen und trocknete sie mit den Haaren ihres Hauptes, küsste seine Füße und salbte sie mit dem Salböl.

Als nun der Pharisäer, der ihn geladen hatte, das sah, sagte er bei sich selbst: ‹Wenn der ein Prophet wäre, so würde er doch wissen, wer und was das für eine Frau ist, die ihn berührt, sie ist ja eine Sünderin.› Und Jesus nahm das Wort und sprach zu ihm: ‹Simon, ich habe dir etwas zu sagen.›

Er erwiderte: ‹Meister, sprich!› ‹Ein Gläubiger hatte zwei Schuldner, der eine schuldete ihm fünfhundert Denare, der andere fünfzig Pfund. Da sie aber nicht bezahlen konnten, schenkte er es beiden. Welcher von ihnen wird ihn nun mehr lieben?› Simon antwortete: ‹Ich denke der, welchem er mehr geschenkt hat.› Er aber sprach zu ihm: ‹Du hast recht geurteilt.›

Und sich zu der Frau hinwendend, sprach er zu Simon: ‹Siehst du diese Frau? Ich kam in dein Haus: Wasser für die Füße hast du mir nicht gegeben; diese aber hat mir mit ihren Tränen meine Füße benetzt und mit ihren Haaren getrocknet. Einen Kuss hast du mir nicht gegeben; diese aber hat, seitdem sie eingetreten ist, nicht aufgehört, meine Füße zu küssen. Mit Öl hast du mein Haupt nicht gesalbt; sie aber hat mit Salböl meine Füße gesalbt. Deshalb sage ich dir: Ihre vielen Sünden sind vergeben, denn sie hat viel geliebt; wem aber wenig vergeben wird, liebt wenig.› Zu ihr aber sprach er: ‹Deine Sünden sind dir vergeben.›

Da begannen die, welche mit zu Tische lagen, bei sich zu sagen: ‹Wer ist dieser, der sogar Sünden vergibt?› Er aber sprach zu der Frau: ‹Dein Glaube hat dich gerettet, geh hin in Frieden!›»

Der Schwerpunkt der Heilung wird hier auf die Dankbarkeit der Sünderin gegen den gnädigen, vergebungsbereiten, langmütigen Gott gelegt, eine Dankbarkeit, die – so lässt die psychotherapeutische Erfahrung hinzufügen – Glauben, Liebe und Kraft gegen die Anfechtung zum Rückfall ermöglicht. Die Heilung geschieht also hier nicht durch Drohung mit Verdammnis bei Übertretung eines moralischen Postulats, sondern durch das Annehmen des vergebenden Liebesangebotes des gnädigen Gottes.

Wie gesagt: Die Erfahrung der psychotherapeutischen Praxis entspricht dem. Bei all den vielen schweren Süchten, die unsere Zeit auf dem Boden selbstsicherer Lieblosigkeiten und technizistischen Umgangs mit Kindern hervorgebracht hat, erweisen sich zwei Selbstheilungsversuche immer neu als zum Scheitern verurteilt: Der eine, der nach dem Erkennen und Aufwachen aus dem sündigen Geschehen (etwa aus dem Rausch der Alkoholvergiftung) auf dem Boden des Katzenjammers, auf dem Boden des elenden Zustandes reuevoll antwortet: «Ich will es nun auch ganz, und ganz und ganz gewiss nicht wieder tun!»

Dieser Versuch stürzt den Akteur in eine Beschämung, bei der er sich selbst verwirft, die ihn nötigt, sich selbst unter den Teppich zu kehren und damit eine Selbstverurteilung zu praktizieren, die den Rückfall geradezu heraufbeschwören muss. Denn nichts ist für uns Menschen nun einmal unerträglicher, als die durch objektives Versagen begründete Selbstverurteilung. Sie produziert eine Hoffnungslosigkeit, die gegen die Versuchung widerstandslos werden lässt.

Sie macht darüber hinaus in einer drängenden Weise trostbedürftig, was dann aber in der Hoffnung auf kurzfristiges Aufhören des elenden Zustandes gerade erneut für diejenige Sünde anfällig macht, die der Einzelne als Ersatzbefriedigung gegen Gefühle der Verlassenheit entdeckt hat. Weil diese Gestimmtheit auf dem Boden einer exzessiven Selbstverurteilung bei dem Nachgeben von Versuchungen nach dem Motto: «Ach, nun ist eh doch alles egal», so gefährlich ist, führt der Weg, der mit spitzkantigen, lieblosen Vorsätzen gepflastert ist, allzu rasch in die Hölle des Rückfalls.

Manche Menschen gehen unter Gewissensqualen und Leiden diesen Weg. Andere – zahlenmäßig werden es vermutlich noch sehr viel mehr sein – machen einen ebenso unwirksamen Versuch zur Selbstheilung, indem sie die Sünde als eine relevante Kategorie für sich selbst streichen und sich in den theologischen Irrtum eines von Bonhoeffer so benannten «billigen» Begnadetseins begeben. Nach dem Motto: Da Christus mich auf Golgota entsühnt hat, ist es für mich und für ihn wohl auch kein Beinbruch, wenn ich kräftiglich sündige. Diese Einstellung ist in unserer Zeit unter Christen sehr üblich geworden und hat das Massenelend sittlicher Lockerung weitgehend mit vorangetrieben.

Die Heilmöglichkeit unseres Herrn ist anders: Nirgendwo in den angeführten Bibelstellen ist davon die Rede, dass er den Sünder der Selbsterkenntnis seines

Ungeordnetseins, seines Elends, seiner Beschämung enthebt. Aus den Tränen erst wächst die Freude, durch das Erbarmen Christi nicht verloren zu sein. Dieser scharfe Gegensatz erst von Dunkelheit und Helligkeit, vom Erleben des Ungeordnetseins zum Aufgehobenwerden lässt dankbare Liebe ins Herz einströmen. Und dieses Gefühl weckt das intensive Bedürfnis, den Retter nicht durch neuen Rückfall zu enttäuschen.

Um Christi Willen, aus Liebe zu ihm und mit seiner in der Eucharistie erbetenen Hilfe, der Versuchung widerstehen zu können, das ist das phantastische Angebot des Christentums zum Heil. Gegebenheiten dieser Art ließen sich an Beispielen aus der Praxis vielfältig untermauern.

Die Verlassenheit des Alkoholikers bekommt Kraft durch das Erleben und Wissen um die Vergebungsbereitschaft seines Gottes, welche die Verlassenheit aufhebt und mit Nähe beschenkt. Die Ungeborgenheit, die so viele Menschen fresssüchtig werden lässt, löst sich durch das Gefühl des Umhülltseins der bergenden, gütig mütterlichen, himmlischen Personen, die süchtige Triebabfuhr durch Sexualität wird aufgehoben durch die Hoffnung auf die «Hieros gamos», die heilige Hochzeit jenseits des Todes, die von einer verschmelzenden Einung getragen ist und die das beglückendste Liebeserlebnis zweier Menschen noch weit übertrifft.

Die unzureichende Ergänzungs- oder Liebesmöglichkeit eines Ehepartners oder gar seine zur Rache stimulierende Lieblosigkeit weckt nicht mehr länger das Bedürfnis nach Ausbruch aus dem ehelichen Käfig in den tröstlichen Ehebruch, weil die «Amor dei», die Liebe zu Gott, Sehnsüchte dieser Art löscht.

Ich bin mir natürlich im Klaren, dass uns Sündern diese atemberaubende, wunderbare Hoffnung, die uns jederzeit, trotz allem, was wir auch taten, neu, tröstend, bergend, heilend, ganzmachend, ordnend zur Verfügung steht, dennoch durch böse Verführung und kraftloses Entgleiten verloren gehen kann. Aber es bleibt das unsterbliche Angebot hinter unseren Türen, eine ewige Wahrheit, die auch für uns Heutige, und ganz besonders und gerade für sie, realistische Möglichkeit bleibt. Wer wirft den ersten Stein?

Ganz gewiss die nicht, die erkannt haben, dass sie selbst nicht besser sind als die anderen. Und dann vor allem die nicht, die die Freude dieser Liebe, dieser Aufgehobenheit durch die personale Nähe von Jesus Christus erfahren haben.

Vorbild Maria

Brauchen wir heute noch Maria? Manche meinen: Nein – die Marienverehrung sei nur Tradition, sie sei ein verkitschter Brauch, er sei übertrieben! Oder man hebt gar mahnend den Zeigefinger und vermutet, dass Maria die Gestalt des Erlösers verdränge und verdunkle.

Ich möchte mit psychologischen Argumenten belegen, wie sehr wir heute ganz besonders Mariens bedürftig sind, besonders bedürftig als *Vorbild*. Die überragende Bedeutung Mariens wird bereits in den ersten Erwähnungen ihrer Person in den Evangelien nach Matthäus und Lukas sichtbar. Denn höchst Seltsames geschah schließlich diesem unbescholtenen jungen Mädchen, der Verlobten des Zimmermannes Josef: Ein Erzengel (Gabriel) erschien ihr und verkündete ihr, dass sie einen Sohn empfangen und gebären werde.

Die Bibel deutet an, wie tief Maria bereits beim Erscheinen und Gruß der himmlischen Gestalt und erst recht bei dieser Ankündigung erschrak. Unverheiratet ein Kind zu bekommen, bedeutete im alten Israel, der Diffamierung, ja, der Steinigung preisgegeben zu sein. Und wie sollte sie hoffen können, dass irgend jemand ihr Glauben schenken würde, wenn sie die Wahrheit erzählen würde, die ihr der Engel vorgab: dass der Heilige Geist über sie gekommen sei und die Kraft des Höchsten sie überschattet habe? Wer von uns hätte die Glaubenskraft, sich auf so etwas einzulassen – wer?

Aber das Mädchen Maria gab Gott dennoch eine Zusage: «Siehe, ich bin die Magd des Herrn», antwortete sie dem Engel. «Mir geschehe, wie du gesagt hast.» – Aus diesem Ja, aus dieser radikalen Glaubenstreue wuchs die

Erlösung der Welt! Ohne dieses Ja gäbe es für uns in einer gefallenen, dem Tod anheimgegebenen Welt keinen Ausweg. Das ist Marias fundamentale Bedeutung, die berechtigterweise dazu führt, dass deshalb seither alle Geschlechter Maria verehren und selig preisen.

Es ist deshalb schließlich auch gewiss kein Zufall, dass in der gesamten abendländischen Kunst kein Thema so vielfältig gestaltet worden ist wie diese Szene und die Geburt Christi sowie die Mutter Maria mit dem Jesuskind auf ihren Armen, auf ihrem Schoß. Diese Häufung ist gewiss kein purer Zufall. Die Bedeutsamkeit des Themas beruht ausser auf der unmittelbaren Wahrheit auf dieser überzeitlichen Vorbildlichkeit, die hier aufleuchtet: Glauben heisst radikales Gottvertrauen, hat uns Maria in der Begegnung mit dem Engel gezeigt, heisst Ja-Sagen zu Gottes Willen ohne jeden Vorbehalt – auch wenn ein Nein noch so berechtigt wäre. Glauben heisst darüber hinaus: hinaufhören, zuhören, aufnehmen, annehmen und die Furcht zurückdrängen. («Fürchte dich nicht», sagt ihr deshalb auch der Engel.)

Glauben heisst wissen, dass man mit einem solchen Ja wahrscheinlich nicht einfach ein leichtes Schicksal erfahren wird, dass aber gerade durch das Annehmen und geduldige Durchtragen – auch im damit verbundenen Leid – der Wille eines liebenden Gottes aufleuchtet, dem es durch diese Form der Mitwirkung gleichzeitig möglich wird, mit Glück, mit Lebenserfüllung, mit Sinn, ja, mit Unsterblichkeit zu beschenken.

Was für ein Vorbild! Und wie überzeitlich gültig ist es. Aber wir Heutige stehen in der unvergleichlichen Versuchung: uns über Maria als Vorbild hinwegzusetzen, und das heisst heute zunächst erst einmal: die Notwendigkeit des Ja der Mütter zu ihrem werdenden Kind zu ignorieren. Pro Jahr werden bei uns 300'000 ungeborene Kinder legal im Mutterleib ermordet. Das sind von Gott geschaffene Seelen, die ausgeschabt, ausgeätzt oder lebend herausbefördert und durch Unversorgung zum Tod gebracht werden. Lässt sich das fassen, lässt sich das begreifen? Können Sie sich das Elend dieser zur Abtreibung genötigten Frauen vorstellen, die heute genau wissen, was in ihrem Leib geschieht? Dass ein schlagendes, junges, gesundes Herz zum Stillstand gebracht wird, dass ein angstgejagtes Gehirn ausgeschaltet und zerstückelt wird – von Menschenhand! Und wir wissen es alle, ja, wir bezahlen es alle mit durch die Beiträge zu unseren Pflichtkrankenkassen.

Was für eine teuflische Szenerie! Und unser Land wurde dadurch zum geburtenärmsten Land der Welt, aber auch zu einem mit den vielen körperlichen und seelischen Folgekrankheiten der Frauen, die abtreiben ließen, weil ihre Mutterseele weint und ihr Körper zerstört wurde! Wie viele Frauen werden heute von dieser Versuchung getroffen, die ihnen einflüstert: «Mach's weg, du darfst das tun, es wird sogar von deiner Kasse bezahlt! Mach's weg, was willst du damit, es macht dir doch nur das Leben schwer, es hindert dich an deiner Selbstverwirklichung, an deiner beruflichen Einübung in deine Tüchtigkeit, es hindert dich an deiner Karriere, an deiner Möglichkeit, unabhängig vom Mann anerkannt und wohlhabend zu sein und dir ein Leben nach deiner eigenen Vorstellung zu machen.»

Aber marianischer Geist in mancher jungen Frau sagt auch dagegen: «Aber das ist doch alles irgendwie falsch! Ich will doch mein Kind! Es wächst ja schon in mir, es ist etwas ganz geheimnisvoll Kostbares! Durch diese Schwangerschaft bin ich mit meinem Leib «gesegnet», bin ich guter Hoffnung, ja, ich trage wie Maria im Grunde ein Kind *Gottes* unter meinem Herzen! Ich will dieses Kind! Es ist mir schon jetzt anvertraut, es macht mich zu einer Mutter, die es hegen und pflegen und lieben und kuscheln darf, wenn es zur Welt gekommen ist.» Diese Maria in der jungen Mutter sagt: «Es soll mir egal sein, ob sie mich schmähen, als eine Nur-Hausfrau, als dumm und dämlich, ich will dennoch dieses Kind!» – Wenn unsere modernen, verkopften jungen Frauen in dieser Weise auf die Stimme der Maria hören – und d. h. dass sie das Mütterliche in sich nicht verdrängen –, spüren sie bald, dass das Annehmen des Mütterlichen, dass das Ja-Sagen zum zunächst soviel schwerer scheinenden Weg sie in ihrem echten Wert vor Gott erhöht, ja, sie veredelt.

Mutterleben mit all seiner Mühsal, seinen Sorgen und Ängsten um das Kind, um sein Gedeihen ist elementar gottgefällig. Es beschenkt die Frau mit einem Wert. Sie spürt deshalb ganz unmittelbar, dass ihr Leben Sinn hat. Und dadurch ist sie in einer kraftvollen Weise vor den Anfechtungen, alles und ihr eigenes Leben selbst für sinnlos zu halten und darüber unglücklich zu werden, beschützt; denn es gibt schließlich keinen höheren Wert für einen Christenmenschen, als in der Liebe für den Nächsten zu stehen. Und welches Wesen ist einer Mutter wohl näher als dieses Menschlein, das aus ihrem Leibe hervorgegangen ist?

Und nicht nur für die einzelne Mutter, die einzelne Familie ist das von hohem, segensreichen Wert. Auch für die Gesellschaft ist der Beruf der Mutter der wertvollste aller wertvollen Lebensaufträge. Weil wir das vergessen haben, geraten wir jetzt auch in eine wirtschaftliche Krise. Wenn nicht genug Mütter und Väter Ja sagen zur Entstehung von Nachwuchs, ist bald nicht mehr genug Geld vorhanden, um den Alten die Renten zu bezahlen. Das zeichnet sich jetzt bereits deutlich ab. Deshalb konnte man auch voraussagen, dass sich der Generationenvertrag gegen Ende dieses Jahrhunderts nicht mehr würde erfüllen lassen. So direkt ist das: Wer das marianische Ja in ein egoistisches Nein verwandelt, geht dem Volkstod entgegen.

Und noch ein weiterer Gesichtspunkt macht das Aufziehen eines Kindes im marianischen Geist kraftvoll und gibt ihm das richtige Maß:

Wenn wir uns als Mutter ins Bewusstsein bringen, dass dieser kostbare Menschenkeim ein Plan Gottes ist, absolut neu in seiner Schöpfung, mit keinem der Blutsverwandten identisch, wenn wir uns klar machen, wie es auch Maria in ihrer Lebensgeschichte mehrere Male gesagt wurde, dass uns dieses Eigentum Gottes, dieser neue Mensch, lediglich anvertraut ist, dass er nicht etwa unser Besitz ist, dass wir mit ihm nicht etwa umgehen können wie ein Bildhauer, der seinen Steinklotz nach eigener Maßgabe behaut, sondern dass wir die Gärtnerinnen einer kostbaren Wunderblume zu sein haben, verantwortlich für ihr Gedeihen in Gottes Garten. Wenn wir das so sehen, dann bekommen wir dadurch auch ein Maß in der Art und Weise unserer Erziehung, das uns vor bösen Missbräuchen bewahren kann.

Halten wir uns also an Maria und ihr Vorbild, an die Art, wie sie liebevoll in ständiger Nähe und sorgfältiger Pflege ihr Jesuskind betreute, dann wissen wir auch wieder, wie wir modernen Mütter mit unseren Säuglingen umgehen müssen. Dann sind wir geschützt gegen die Einflüsterungen einer missbräuchlichen Emanzipation. Unsere Kinder brauchen – ganz besonders an ihrem Lebensanfang, aber auch durch ihre lange Kindheit hindurch – unser vorbehaltloses Lieben, wenn sie seelisch gesunde Menschen werden sollen.

Und das macht uns Maria nicht nur bei ihrer ersten Entscheidung vor, sondern auch bei allen weiteren in ihrem Leben, zunächst einmal durch die freudige Annahme dieses Kindes Jesus, nachdem es geboren ist. Es ist dem technischen Zeitalter vorbehalten geblieben zu bestätigen, wie wahr es ist, dass durch dieses radikale Ja zu dem hilflosen Neugeborenen grundsätzlich Heilsames entsteht; denn die Einbergung des Säuglings bei seiner Mutter ist eine Notwendigkeit, so können uns heute wissenschaftliche Untersuchungen weltweit bestätigen. Das freiwillige, radikale Ja zum Einsatz für das Kind, sprich: die gelebte Liebe für es, ist eine Grundvoraussetzung für sein seelisches und körperliches Gedeihen.

Wir wissen heute, dass das Kind im vorgeburtlichen Zustand bereits sowohl die Stimme wie den Herzschlag seiner Mutter kennt und darauf mit Beruhigung reagiert, nachdem es geboren ist. Kinderärztliche Erfahrung hat gelehrt, wieviel besser Säuglinge gedeihen, wenn sie die leibnahe Präsenz der Mutter und ein Gestilltwerden nach Bedarf erfahren.

Psychotherapeutische Erfahrung hat sichtbar gemacht, wie verheerend – oft geradezu lebensvernichtend – es sich auswirkt, wenn Säuglinge und ein- bis dreijährige Kinder von der Mutter abgetrennt werden, etwa weil sie längere Krankenhausaufenthalte, Krippen- oder Heimschicksal erfahren mussten.

Besonders in den sozialistischen Ländern ließ sich konstatieren, wie wenig den Kleinkindern Kollektivpflege in Kinderkrippen und Kinderheimen bekommt. Der familienfeindliche Sozialismus hat sogar ein Großexperiment gemacht, mit dem man beweisen wollte, dass die persönliche Pflege von Müttern, Vätern und Großeltern völlig überflüssig sei. Kinder von Funktionären wurden in einem von «Fachkräften» fabelhaft geführten Heim kurz nach der Geburt von ihren Eltern abgetrennt und von immer wechselnden Personen im Kollektiv durch ihre Kindheit hindurch betreut.

Das Experiment musste nach zwanzig Jahren aufgegeben werden, weil die Mehrzahl der Herangewachsenen seelisch schwerst gestört, alkoholsüchtig und kriminell wurden...

Die hochmütige Wissenschaftsgläubigkeit und der Atheismus der Mediziner in der ersten Hälfte dieses Jahrhunderts führten in ihrer Berauschtheit von den rasanten Fortschritten auf ihrem Gebiet zu abstrus künstlichen Gepflogenheiten im Umgang mit den Neugeborenen; denn man nahm an, die Kleinen hätten noch keine Seele, und es sei deshalb zu verantworten, sie – aus hygienischen Gründen und um die Mutter zu schonen – in einsamen Bettchen sich die Lunge aus dem Hals herausschreien zu lassen.

Die Verkünstlichung in den Gepflogenheiten der Säuglingspflege wurde in der zweiten Hälfte dieses Jahrhunderts durch die Erfindung der Ersatzpräparate der Muttermilch geradezu auf die Spitze getrieben; denn nun schien die Mutter austauschbar zu werden und die Pflege an viele weitere (z. T. wechselnde) sogenannte «Bezugspersonen» delegierbar.

Mit fachlicher Erfahrung konnte man deshalb von der Mitte dieses Jahrhunderts ab die traurigsten Prognosen stellen; denn – so hatten wir an Einzelfällen längst immer neu konstatiert: ein unangemessener Lebensstart dieser Art führt in erheblichen Prozentsätzen zur Ausprägung einer sogenannten depressiven Charakterstruktur, ja, in üblen Fällen der Vernachlässigung sogar zur sogenannten neurotischen Verwahrlosung.

Wird der Zusammenhang als Wahnsinn erkennbar? War es nicht ganz besonders gerade die Wissenschaftsgläubigkeit, die die christliche Religion in Frage stellte? Wurde hier nicht auch – wie immer wieder in der Geschichte – ein falscher Gott, durch menschlichen Größenwahnsinn bedingt, auf den Thron gehoben? Verschwand nicht damit synchron mehr und mehr die Marienverehrung aus dem kirchlichen Leben?

Bei den Protestanten (unlutherisch voran!) bereits im 19. Jahrhundert, bei den Katholiken – heute häufig doch auch angefochten! – in der Ablehnung eines ihnen unberechtigt erscheinenden Marienkultes als «Kitsch».

Und ist unsere jetzige Situation mit all den seelisch kranken Menschen dann nicht vor allem auch eine negative Auswirkung dieser unbedachtsamen Hintanstellung des Mysteriums des Kindes auf dem Schoß der Mutter Maria, der gröblichen, unbedachten Vernachlässigung dieses Vor-Bildes im wahrsten Sinne des Wortes?

Gewiss hat es auch in den vergangenen Jahrhunderten gelegentlich schwere depressive Neurosen gegeben. Gewiss war die große Sterblichkeit der Frauen bei der Geburt oder im Kindsbett häufig auch für die Kinder früher ein schwerer Risikofaktor; aber in ihrer Grundstruktur bot die natürliche Unausweichlichkeit der Pflegenotwendigkeit für das hilflose Neugeborene und auch das Fehlen von Ersatzpräparaten der Muttermilch viel eher die Gewähr einer stabilen Mutter-Kind-Beziehung.

Vor allem aber: die Mütter blickten damals angesichts der beschwerlichen Situation von Schwangerschaft, Geburt und der Angebundenheit durch das junge Kind eben auf die Gottes-Mutter. Sie gab ihnen durch ihr Vor-Bild den Hinweis auf die richtige, gottgefällige Handlungsweise. In der Verehrung der Mutter-Gottes wurden sie in der Bereitschaft der unermüdlichen Pflege für ihr Kind bestärkt. Die Marien-Frömmigkeit trug so mittelbar mit dazu bei, dass unter den Fittichen sorgsamer, liebevoller, pflichtbewusster Mütter seelisch gesunde Kinder heranwuchsen.

Der Boden für die Entfaltung von Menschlichkeit beruht – so wissen wir Psychologen heute – auf einem relativ umschreibbaren Grundkonzept des Einsatzes der Mütter für ihre Kleinkinder. Diese Form der Mutterliebe ist die unaufgebbare seelische Grundnahrung, um ein liebesfähiger, ein arbeitsfähiger, ja, ein dankbarer, Gottliebender Erwachsener werden zu können. Ja, selbst die Entfaltung der Gewissensfunktion wird ohne das Erleben von Bindung und Bergung gemindert und verhindert.

Ist die abendländische Marienverehrung dann nicht vielleicht so etwas wie ein ausserordentlich nachdrückliches Fanal des Heiligen Geistes? War und ist nicht im biblischen Leitstern Mariens mit dem Kind eine Anweisung enthalten, die in der Hochblüte der christlichen Kultur als eine gute Frucht zum Ausdruck kam? Und ist nicht in der so um sich greifenden Seelenverwüstung bei so vielen Menschen der Industrienationen auch etwas enthalten von einem Strafgericht für eine Zeit, die sich anmaßte, die Offenbarung des Magnificats zu streichen: «Von nun an werden mich selig preisen alle Geschlechter» (Lk 1,48)?

Ist dies nicht auch der Sinn der flehentlichen Bitte der Muttergottes bei den Marienerscheinungen heute, doch mehr den Rosenkranz zu beten? Ist unser millionenfaches Seelenunglück lebenslang nicht die Folge einer törichten Vernachlässigung der Marienverehrung und dadurch dann auch der Vernachlässigung der Kinder in unserer Zeit? Ja, ist es nicht möglich, dass ein solches Verhalten den Zorn Gottes hervorrief, einen Zorn, vor dem die Madonna weinend die noch hellhörigen Menschen zu bewahren sucht? Denn die Geissel des seelisch zerstörten Menschen trifft ja am härtesten zunächst die – oft unschuldigen, nur brav den falschen ärztlichen Anweisungen folgenden – im Zeitstrom angepasst mitschwimmenden Mütter, wenn die Kinder dann erst einmal zu aggressiven, versagenden oder schwerst gestörten Jugendlichen herangewachsen sind.

Fazit: Ohne den marianischen Geist lässt sich Liebe also nicht entfalten, ohne sie bleibt aber auch das Gespür für das totale Liebesopfer des göttlichen Sohnes, bleibt auch die liebende Dankbarkeit für den Vater aus. Der Marienkult ist also gewiss kein aufgebbarer alter Zopf, die Madonnen- und Ikonenkunst ist nicht überlebt. Sie ist vielmehr der Prägestempel des Anfangs aller Anfänge zu jeglichem Menschsein. Ohne Maria versinkt die Menschheit tierischer als jedes Tier in einer regredierenden Niveaulosigkeit, hinter der Anarchie und Diktatur lauern.

Freilich: Wir Frauen können unter Umständen auch in der Gefahr sein, unsere Kinder zu fest zu umschlingen, weil der Muttertrieb in uns die Überhand gewinnt. Die

Bibel sagt uns deshalb an verschiedenen Stellen, dass das auch nicht sein soll. Deshalb ist es für uns im Werdegang mit unseren Kindern auch in dieser Hinsicht von allergrößter Wichtigkeit, dass wir christlichen Mütter uns hier an das Vorbild der Mutter Maria halten: dass wir unsere erwachsenen und selbständig werdenden Kinder freigeben, dass wir sie loslassen und keine verschlingende muttertriebartige Machtanmaßung betreiben, sondern mit der Mutter Maria auf der Hochzeit von Kana sagen: «Tut, was Er euch sagt», was Christus euch sagt!

Maria nahm sich zurück, als Jesus – erwachsen geworden – seinen Auftrag zu beginnen hatte. Sie gab ihn mit diesen Worten frei. Auch in dieser Hinsicht ist sie uns großes und dringend nötiges Vorbild; denn zwar wird jede Mutter durch das sich bewusst entscheidende Ja zum Kind in eine unmittelbare Beziehung zu Gott gestellt. Aber der himmlische Vater bleibt immer der Vater der Geistseele ihres Kindes. Zwar erhebt jedes bewusste Ja, jedes erneute Ja in der Pflege des Kindes die Mutter zur Gottesnähe, zu einer von Gott ausgezeichneten, seinen Schöpfungsplan unmittelbar mit ausführenden Wesen, aber nie zu einer, die Besitz über ihr Kind ergreifen darf. Das Kind hat ihre Leihgabe vom Schöpfer zu bleiben.

Für mütterliche Frauen ist das eine große Gefahr, wenn sie sich nicht sehr bewusst in dieser Hinsicht nach der Haltung Marias auf der Hochzeit zu Kana ausrichten: Sie mischen sich auch im Erwachsenenleben der Kinder weiter noch viel zu sehr ein. Ja, sie geraten in die Gefahr, Macht über die Herangewachsenen auszuüben, indem sie gewissermaßen jetzt zurückfordern, was sie vorher für die Kinder getan haben. Sie binden sie damit gewissermaßen weiter an sich, ja, im Extremfall fesseln sie ihre Kinder und halten sie davon ab, ihren Lebensauftrag zu erfüllen. Auch in dieser Hinsicht brauchen wir also dringend Maria als Vorbild.

Wer diese Zusammenhänge erkennt, durchschaut auch, warum der Teufel, der ja weiss, dass er nicht viel Zeit hat mit seiner Herrschaft hier auf der Erde, hier und heute alles daran setzt, mit viel Macht und viel List die Frauen davon abzuhalten, Mutterschaft zu bejahen und Kinder selbst großzuziehen. – «Verdirb einem Volk den Geist der Frau, und es wird rasch in deine Hand fallen», hat schon Lenin teuflisch in imperialistischer Strategie gepredigt.

Der Geist der Frau aber, das ist nicht allein unsere weibliche Fixigkeit, unsere Möglichkeit, gute Schul- und Universitätsexamen zu machen, das ist nicht nur unsere Möglichkeit, ganz genauso wie Männer leben zu können (natürlich können wir das, wenn wir genug Lebenskraft mitbekommen haben!); der Geist der Frau – das ist genau der Geist Marias, der Geist der Mütterlichkeit, jener Geist, der liebt, der mitdenkt, der sich selbst zurückstellt, der tröstet, streichelt, der mit seinem Leib und mit seiner Seele wärmt – das ist der Geist, der gleichzeitig der Geist unseres Gottes ist, und entweder wir versuchen *ihn* zu verwirklichen und durch ihn Fortschritte in Mitmenschlichkeit und Nächstenliebe zu machen, oder wir gehen zugrunde mit und ohne all unsere schlauen Wirtschaftsbosse und noch so tüchtigen Politikern. So folgerichtig ist das!

Man schaue sich mit dieser Sichtweise einmal unseren modernen, in der Bundesrepublik mächtig und mächtiger werdenden Feminismus an. Dort heissen die Parolen: «Klar, unser Bauch gehört uns, erstens; aber zweitens: Wir müssen die Männer bekämpfen. Und wenn sie uns nicht zur Macht kommen lassen, müssen wir sie eben zwingen!» – Aber wie negativ diese Parolen wirken, lässt sich unschwer erkennen.

Eine letzte Vorbildfunktion Mariens darf in diesem Zusammenhang nicht unerwähnt bleiben. Sie begleitet nicht nur still eingereiht ihren göttlichen Sohn auf seinem heilswirkenden Siegeszug und Wanderleben, sie bleibt – anders als die meisten der tief verschreckten Jünger – bis zum Miterleben seines fürchterlichen Todes treu an seiner Seite.

Maria *steht* unter dem Kreuz, ganz gewiss unfähig noch zu irgendwelchen Worten – mit dem Schwert des grausamsten Leids im Herzen angesichts des furchtbaren Geschehens – aber sie *steht* ! Sie fällt nicht einmal in Ohnmacht! Sie hält das aus, sie trägt das durch und erfährt noch Trost dadurch, dass Christus sie sterbend mit seinem Wort an Johannes fest umschließt. Aus diesem Durchhalten von Leid erwächst der pfingstliche Geist, erwächst die Ausgießung des Heiligen Geistes, erwächst die Kraft zur Mission, zur Austeilung der Wahrheit an die vielen, die der Liebe und der Erkenntnis bedürfen.

Durch ihr Leben wird Maria aber nicht nur zu unserem unsterblichen Vorbild, sie wird auch zu der uns mit himmlischer Kraft im Leid Tröstenden, sie wird unsere Fürsprecherin bei Gott-Vater und Christus, ja, sie wird so für uns zu einer Ansprechpartnerin, die uns zu wunderbaren Erhörungen im Schrei der Lebensqualen verhilft.

Sowohl im persönlichen Bereich sind wir der Trösterin gewiss bedürftig, zur Zeit aber noch viel mehr im Hinblick auf die allgemeine Gefährdung unserer Zeit; denn durch den Abfall von Gott, die sittliche Verrohung, ja, durch die vielen furchtbaren Blasphemien, die Verhöhnungen und Irrlehren beschwören wir Gottes Zorn und die Notwendigkeit von Strafgerichten herauf.

Maria mit ihrer so großen Barmherzigkeit versucht, uns mit einem Schutzmantel zu umgeben. Wie nötig haben wir es deshalb, uns in dieser großen Sorge und im persönlichen Leiden unseres Lebens an Maria zu wenden, um sie um Hilfe anzuflehen und von ihr auch gnädig zu erfahren, so wie Goethe es uns bereits im Gebet des Gretchens in seinem «Faust» vorgegeben hat:

«Ach, neige, du Schmerzensreiche, dein Antlitz gnädig meiner Not.

Das Schwert im Herzen, mit tausend Schmerzen blickst auf zu deines Sohnes Tod.

Zum Vater blickst du, und Seufzer schickst du hinauf um sein' und deine Not.

Wer fühlet wie wühlet der Schmerz mir im Gebein? Ach, was das arme Herz hier banget, was es zittert, was verlanget, weisst nur du, nur du allein! Hilf, rette mich von Schmach und Tod. Ach, neige, du Schmerzensreiche, dein Antlitz gnädig meiner Not.»

Wir haben Maria – was für ein Zeichen voll Gnade!

An der Grenze des Veränderbaren: die heilige Messe

Die Diskussion um die Gestaltung der heiligen Messe beschäftigt in den Gemeinden viele nachdenkliche Katholiken. Die Wogen gehen oft hoch. Es wird eine einseitige Dominanz des Pfarrers kritisiert, von der unzureichenden Beteiligung der Laien bei der Gestaltung des Gottesdienstes gesprochen – und schon ganz und gar der der Frauen.

Es wird der Ausschluss evangelischer Besucher von der Kommunion in Frage gestellt. Der Ritus der Messe wird gelegentlich sogar als ein «veralteter starrer Zopf» bezeichnet und zum Vergleich ökumenische Gottesdienste herangezogen, bei denen mit Klampfe und dem Singen moderner Kanons neue zeitgemäße Formen gefunden worden seien. Viele Gemeindepfarrer stehen solchem Ansturm befremdet, wenn nicht geängstigt gegenüber; manche, besonders die ausländischen Pfarrer, fühlen sich überfordert.

Unzweifelhaft wird durch solche Auseinandersetzungen die Kirche herausgefordert. Ein drängendes Bedürfnis nach Veränderung kündet sich hier bei vielen Laien unter den Katholiken an. Dazu muss vorab bemerkt werden: Grundsätzlich sind wir Menschen als Geschöpfe in der Schöpfung gemeinsam mit ihr in einem Prozess permanenter Entwicklung begriffen und auf Veränderung hin angelegt. Abgelebtes muss in der Tat weg, muss abgestoßen werden, damit Neues sprießen kann. Das ist ein Grundgesetz in unserer Natur, in unserem biologischen Lebensablauf, dem analog seelische Entwicklung des Einzelnen und historische Entwicklungen der Völker entsprechen. Wir alle haben deshalb in uns einen höchst konstruktiven Veränderungsdrang.

Diesem Werdeprinzip mit all seinen fülligen und farbigen Variablen steht ein unveränderbarer Kern gegenüber, Gott selbst als die Mitte und das Zentrum der Schöpfung, der Geschichte, der persönlichen Seele und des persönlichen Geistes. *Er ist der Er ist*, wie er selbst es Moses geoffenbart hat. Er ist der unwandelbar Ewige von Anbeginn an. ER hat uns Menschen als die einzigen Geschöpfe auf der Erde mit Freiheit begabt und zu Verwaltern seines Kunstwerkes Erde eingesetzt. Aber daraus wurde leider ein Trauerspiel: Wir, Adam und Eva, missbrauchen diese kostbare Gabe, überdehnen sie zur sogenannten «Autonomie», reissen uns so, unbedacht und leichtfertig verführt, los vom schweigenden, auf uns wartenden Urgrund und geraten so im wahrsten Sinne des Wortes in Teufels Küche.

Um uns aus dieser ewigen Wiederkehr des Verderbens zu retten, geschah die Menschwerdung unseres Gottes vor 2000 Jahren mit der nun nicht mehr misszuverstehenden Offenlegung des Charakters dieses unwandelbaren Kerns: Er ist allgegenwärtige, persönliche Liebe, er ist für den dies Erkennenden, für den vom Glauben Erfassten also der Befreier von den Fallstricken der Natur, des Todes und des Teufels. Er ist der Allmächtige, die Natur überschreitende Wunderwirkende, er ist *mein* persönlicher Vater – und das in alle Ewigkeit.

– Einer seiner Jünger, Simon Petrus, hatte vor 2000 Jahren als erster diese Erkenntnis, alle zwölf Apostel und viele Angerührte glaubten Jesus Christus ebenfalls und ihre Antwort war die im Grunde einzig Mögliche auf diese herzsprengende Verheissung, wie sie in der Begegnung des Auferstandenen mit dem ungläubigen Thomas besonders exemplarisch dargestellt ist: mit Niedersinken, in die Knie fallen und anbeten. «Mein Herr und mein Gott» – das sind die einzigen Worte, die Thomas angesichts dieser Begegnung nur zu stammeln vermag.

Und etwas anderes kann angesichts der direkten Konfrontation mit der Gottheit auch gewiss nicht angemessen sein.

Aus diesem Erleben der Jesus direkt Begegnenden, aus dieser Gotteserkenntnis wuchs der Ritus der Heiligen Messe. Sie schwingt vom Kyrie über das Gloria und Benediktus zum *Sanctus* – zum Jubelruf der Erfahrung der Heiligen Gegenwart dieses Gottes: «Ja, Du bist heilig, großer Gott» – das bedeutet Hingerissenwerden in seine Nähe, das nötigt zum Auf-die-Knie-fallen, das ist Bereitung zum Höhepunkt der Eucharistie: der Wandlung und Kommunion. Dieses ist unwandelbar, weil es Glaubensmitte ist, weil aus dieser Einsicht des Menschen der zerstörte Bund des Abtrünnigen mit seinem Vater neu errichtet wird, weil hier der verlassene, leidende, sich in unserer Not offenbarende Herr seinen verlorenen Sohn, Dich und mich, wieder in die Arme schließt. Er umschließt uns in der Kommunion jedes Mal neu mit seiner nie aufhörenden, unwandelbaren, uns erwartenden Liebe.

Dieses Stück Exegese muss zugemutet werden, weil es eine Anfechtung gerade für die gibt, die in dieser Urglaubensform aufgewachsen sind: dass die Ungeheuerlichkeit dieses Geschehens noch nicht zur persönlichen Erfahrung und Erkenntnis geworden ist, dass stattdessen der Ritus in der Gewohnheit erstarrt ist, dass die Seele noch gar nicht oder nicht mehr erreicht worden ist. Aber die Schlussfolgerung, die daraus gezogen werden muss, kann nicht heissen, die Eucharistie anzutasten. Sie kann nur heissen, das Tote, Erstarrte in der *eigenen* Seele aufzubrechen, die Seele neu zu öffnen, sich das Geschehen bewusst zu machen, um für das Einströmen des Heiligen Geistes, der heiligen Erkenntnis neu bereit zu werden!

Dem Schrei nach Veränderung der heiligen katholischen Kirche liegt ein gefährliches Missverständnis zugrunde, eine Projektion der eigenen persönlichen Glaubensstarre, der eigenen Glaubensferne, der Unangerührtheit für die den Menschen geoffenbarte Wahrheit über das Wesen unseres Gottes.

Aber was für eine hinreissende Wahrheit im wahrsten Sinne dieses Wortes ist das! Sie macht ja nicht nur frei, sie beschenkt nicht nur mit Frieden, sondern sie macht glücklich in einer jubelnden Freude, die jeder irdischen Liebeserfüllung überlegen ist! Wer erst einmal von dieser Gotteserkenntnis ergriffen ist, dem scheint der modische Ruf nach Umgestaltung der katholischen Messe sehr bald als absurd. Diese Gestaltung der Messe gehört zum unwandelbaren Kern, dieses ist damals vom menschgewordenen Gottessohn, Christus selbst, so vorbereitet worden. Dieses ist der Ruf, das unwandelbare Liebesangebot unseres Herrn, mit dem er uns in der Kommunion selbst empfängt mit den einbergenden Worten der Schrift: «Fürchte dich nicht – glaube nur!»

– Und wenn man das Eigentliche erst einmal verstanden hat, leuchten plötzlich auch all die Gepflogenheiten ein, die man heute so gern entmachten möchte: Warum sollen wir uns als Laien, speziell wir Frauen, um die Verkündigung drängeln? Jeder von uns hat seine Berufung von Gott – aber die des Priesters haben wir ganz offensichtlich nicht! Wie würden wir uns empören, wenn sich

z. B. bei unserem Beruf als Mutter das Jugendamt oder sonst wer eindrängeln, uns unsere Priorität nehmen und fortgesetzt mitreden wollte? Ist es nicht Respektlosigkeit vor der erhabenen Funktion des Priesters, zu fordern, dass er sie an uns Laien teilweise delegieren sollte? Und kann Unbefugtheit nicht sehr leicht zu Grenzüberschreitungen führen, zum Entheiligen der sakralen Handlung durch dem Zeitgeist angepasste Gestaltungsformen? Dürfen wir vergessen, dass all diese «Actions» im evangelischen Bereich nur dazu geführt haben, dass die Gläubigen sich schüttelten und schließlich ganz ausblieben? Das Großexperiment einer von jeglicher Autorität entkleideten Kirche zugunsten einer inkompetenten Egalisierung haben wir doch dort hautnah vor Augen!

Es kann nur einer den Schlüssel zum Tabernakel drehen, so wie nur einer, unser Gott, uns die Erlösung brachte und bringt. Und es können natürlich nur Menschen zur heiligen Kommunion zugelassen werden, die von dem mystischen Akt der Verwandlung von Brot und Wein überzeugt sind, statt das Geschehen allenfalls als eine Allegorie zu verstehen.

Aber wer erst einmal erkannt hat, dass Eucharistie eine unmittelbar von Gott eingesetzte Form der heiligen Vereinigung ist, der versteht auch den unwandelbaren Ritus der Vorbereitung und Annäherung innerhalb der Messe auf dieses zentrale Geschehen zu. Wer hier von diesem Geschenk und diesem immer wieder erneuerten Erleben ausgeht, der wird auch in die Lage versetzt, dieses Geschenk ohne lächerlichen Neid auf den austeilenden Priester zu genießen und es für sich immer neu, so oft wie möglich, zu wünschen. Alle Veränderung, alle Neuevangelisierung muss hier beginnen. Mit Laienmätzchen sind keine Leute hinter den Fernsehschirmen hervorzulocken und in die Kirche zu treiben. Wenn wir aber selbst hellwach da sind, aus innerem Antrieb, aus tiefster Lust, wenn wir diese Freude ausstrahlen und weitersagen mit Augen und Mund, ja, dann könnten wir mithelfen, die verdunkelten Seelen zu erhellen. Nur so ist Mission heute denkbar, nur so allein kann sie Frucht tragen!

Wider den Zeitgeist – Eine Interpretation des Ungehorsams

Seit dem Erstarken der Naturwissenschaften gibt es an den Universitäten einen mehr als 100jährigen Konkurrenzkampf zwischen diesen und den Geisteswissenschaften. Der sogenannte Positivismus engte den Wissenschaftsbegriff auf den an der großen Menge auszählbaren und messbaren Beweis so ein, dass damit in zunehmendem Maße den Geisteswissenschaften Wissenschaftlichkeit als Erkenntnistheorie abgesprochen zu werden drohte – eine Tendenz, die sich bis heute so sehr verstärkte, dass ein Großteil der Erkenntnisse aus dem Bereich der praktischen Psychologie, der Theologie, der Philosophie und der Pädagogik achselzuckend als irrelevant und unwissenschaftlich an den Rand gedrängt werden – was aber eher Rückschritt als Fortschritt bedeutet.

Dabei besitzen die Geisteswissenschaften eine philosophische Begründung ihrer Existenzberechtigung. Sie wurde 1883 – schon damals in energischer Kontroverse gegen den anmaßenden Ausschließlichkeitsanspruch des Positivismus – von dem Professor für Philosophie Wilhelm Dilthey mit seinem Werk «Einführung in die Geisteswissenschaft» als eine Wegweisung für alle jene wissenschaftlichen Bemühungen bis heute erstellt, die sich mit Phänomenen um das Wesen des Menschen befassen. Diltheys Begründung der Wissenschaftlichkeit von Geisteswissenschaft lautet folgendermaßen:

«Alle Wissenschaft ist Erfahrungswissenschaft, aber alle Erfahrung hat ihren ursprünglichen Zusammenhang und ihre hierdurch bestimmte Geltung in den Bedingungen unseres Bewusstseins, innerhalb dessen sie auftritt:

in dem Ganzen unserer Natur. Von diesem Standpunkt her erweist sich unser Bild der ganzen Natur als bloßer Schatten, den eine uns verborgene Wirklichkeit wirft – dagegen Realität, wie sie ist, besitzen wir nur an der in der inneren Erfahrung gegebenen Tatsache des Bewusstseins. Die Analysis dieser Tatsachen ist das Zentrum der Geisteswissenschaften, und so verbleibt die Erkenntnis der Prinzipien der geistigen Welt in dem Bereich dieser selber, und die Geisteswissenschaften bilden ein in sich selbständiges System.

Die Methode ist daher diese: Jeden Bestandteil des gegenwärtigen abstrakten wissenschaftlichen Denkens an die *ganze* Menschennatur zu halten und den *Zusammenhang* der Phänomene zu suchen. Eine solche Methode steht im Gegensatz zu einer neuerdings nur zu häufig von den sogenannten Positivisten geübten, die oft großen Meistern der Geschichtsschreibung kurzsichtig und dünkelhaft den Rang der Wissenschaft abgesprochen haben. Es gibt ein eigenes Reich von Erfahrungen, welches im *inneren* Erlebnis seinen selbständigen Ursprung und sein Material hat, und das dennoch naturgemäß Gegenstand einer besonderen Erfahrungswissenschaft ist.» (Wilhelm Dilthey, Einleitung in die Geisteswissenschaft, Leipzig 1883)

Sich einer Erfahrungswissenschaft dieser Art zu befleissigen, soll jetzt anhand der Analyse einer Geschichte aus dem 1848 von Heinrich Hoffmann publizierten Kinderbuch «Der Struwwelpeter» eingeladen werden; denn dass dieses Buch kinderpsychologisch und pädagogisch bedeutsam ist, beweist es allein bereits dadurch, dass es noch heute, fast 150 Jahre nach seinem Erscheinen, in jeder x-beliebigen Buchhandlung – meist sogar in drei bis vier verschiedenen Aufmachungen erhältlich ist – also nicht einmal der Bestellung bedarf. Der Arzt Dr. Heinrich Hoffmann hat hier offenbar mit diesen zehn von Versen unterlegten Bildergeschichten an einen Nerv überzeitlicher pädagogischer Probleme gerührt, indem er typische Konfliktsituationen zwischen dem Kind und seinen Erziehenden herausgriff und diesen damit eine ziemlich drastische Schützenhilfe lieferte. Die Art des dort beschriebenen Vorgehens lässt sich freilich mit der Messlatte einer humanen Pädagogik durchaus hinterfragen. Deshalb habe ich das Gesamt der Struwwelpeter-Geschichten als Methode zur Kindererziehung nie empfehlen können.

Warum im einzelnen, das kann in diesem Rahmen nicht erläutert werden; denn darum soll es hier auch gehen. Der Struwwelpeter begann mich bei meiner kinderpsychotherapeutischen Arbeit früh schon zu faszinieren, weil Hoffmann einige zentrale Verhaltensstörungen in den Mittelpunkt seines Buches stellte, und deshalb habe ich aus tiefenpsychologischer und kinderpsychotherapeutischer Sicht bereits in einem meiner ersten Bücher «Wunschtraum und Wirklichkeit», 1972 erschienen, Kommentare dazu geschrieben.

Was uns aber beschäftigen soll, ist die Gegebenheit, dass dieser hellsichtige Beobachter Heinrich Hoffmann bei dreien seiner Geschichten den Rahmen kinderpädagogischer Probleme weit überschreitet. Über die pädagogische Intention hinausgehend, stößt er in eine Symbolik der Darstellungen vor, die von einer erstaunlichen Hintergründigkeit ist. Das vor allem möchte ich Ihnen an der Geschichte vom fliegenden Robert – gewiss nicht durch Zufall die letzte des Buches – als ein Beispiel geisteswissenschaftlicher Arbeit im Sinne Diltheys beweisen. Der begleitende Text zu diesen Bildern lautet:

Wenn der Regen niederbraust,
wenn der Sturm das Feld durchsaust,
bleiben Mädchen oder Buben
hübsch daheim in ihren Stuben.
Robert aber dachte: «Nein!
Das muss draussen herrlich sein!»
Und im Felde patschet er
mit dem Regenschirm umher.

Hui, wie pfeift der Sturm und keucht,
dass der Baum sich niederbeugt!
Seht! Den Schirm erfasst der Wind,
und der Robert fliegt geschwind
durch die Luft, so hoch, so weit;
niemand hört ihn, wenn er schreit.
An die Wolken stößt er schon,
und der Hut fliegt auch davon.

Schirm und Robert fliegen dort
durch die Wolken immer fort.
Und der Hut fliegt weit voran,
stößt zuletzt am Himmel an.
Wo der Wind sie hingetragen,
ja, das weiss kein Mensch zu sagen!

Wissenschaft lässt sich ebenso lustig wie interessant zunächst einmal mit der Robertgeschichte betreiben, indem man sie mit Kindern verschiedenen Alters betrachtet und ihre Reaktionen beobachtet und registriert. Das lässt sich pädagogisch verantworten, weil diese Geschichte im Gegensatz zu einigen anderen selbst Kleinkinder nicht schockiert. Und das liegt daran, dass sie so schön unrealistisch ist. Unabhängig von der für den positivistischen Wissenschaftsbegriff erforderlichen «relevanten Menge» lässt sich bei der heutigen Kinderpopulation feststellen: Von den 4- bis 7jährigen etwa wird die Geschichte mit leicht schaudernder Lust akzeptiert. «Warum bleibt er auch nicht zu Hause», meint sinngemäß eine Vielzahl der kleinen Mädchen dieses Alters – betroffen, meist auch bereits ein wenig schadenfroh.

Die Jungen erwachen spätestens im Alter von 7 Jahren zur Skepsis: «Warum lässt er den Schirm auch nicht los?», kommt hier viel öfter als Frage, mit männlicher, für Technik begabter Pragmatik. Und die Älteren beiderlei Geschlechts meinen mehrheitlich: «Das ist doch bloß ein Märchen, der Robert würde ja längst heruntergefallen sein.»

Es lässt sich konstatieren: Die Grundprämissen der Entwicklungspsychologie, dass die magische Phase der Kleinkinderzeit von der des naiven und dann des immer mehr kritischen Realismus der Grundschuljahre abgelöst wird, bestätigt sich bei einer Befragung mehrerer Kinder.

Auch Erkenntnisse der Geschlechterpsychologie erscheinen hier konkretisiert: Mädchen ziehen gern in aufmerksamer Lernfähigkeit daraus den vom Verfasser erwünschten Schluss (dass es besser wäre bei schlechtem Wetter zu Hause zu bleiben), eher als Jungen, für die dieser Ratschlag (weil öfter nötig) wohl auch vom Verfasser gemeint ist (deshalb wählt Hoffmann wohl eine Jungenfigur, weil die Gefahr, den Naturgewalten frontal zu trotzen, für das männliche Geschlecht eher gegeben ist). Gerade aber, weil die Versuchung bei den kleinen Männern größer ist, wird von ihnen auch viel öfter am Fortgang der Geschichte herumkritisiert.

Hingegen wird es wohl kaum möglich sein, auch nur andeutungsweise wissenschaftlich nachzuweisen, dass diese Geschichte den pädagogisch intendierten Erfolg gezeitigt und je irgendwelche Kinder und erst recht nicht in welcher Zahl wirklich davon abgehalten hat, bei Orkanen draussen spazieren zu gehen. Aber gerade die Bedeutungslosigkeit einer solchen Fragestellung darf den Verdacht erhärten, dass Hoffmann mit dieser letzten seiner Geschichten, dem Ausklang seines Buches, auch mehr im Blick hatte: eine Symbolik nämlich, die weit mehr beabsichtigt als so ein pädagogisches Kleinziel. Und deshalb erscheint es mir legitim, als Hilfswissenschaft auch die Tiefenpsychologie einzubeziehen. Befleissigt man sich ihrer Symbollehre, so fällt als erstes einmal auf, dass höchst seltsam (und anders als bei jeder der weiteren Geschichten des Struwwelpeters) diese drei Bilder mit dicken unschönen Rahmen eingefasst sind.

Fachleute kennen dieses Phänomen aus den Kinderzeichnungen und den projektiven Tests: Diejenigen Inhalte, die als Gemälde, Skulpturen oder Photographien dargestellt werden oder die eine Verkleinerung erfahren, wollen von den Probanden in die Ferne gerückt sein, weil ein ihnen im Grunde unter die Haut gehender, ein emotional erregender Inhalt dargestellt ist. Es darf deshalb aufgrund dieser merkwürdigen Umrahmung angenommen werden, dass hier eine Problematik berührt werden soll, die weit über pädagogisches Zweckdenken hinausgeht.

Die Geschichte der Menschheit und die Theologie der Sündenfallgeschichte der Genesis lehrt: Der Mensch ist seit Adam und Eva grundsätzlich in der Versuchung, ein ungehorsamer Robert zu sein. Er ist – in endloser Wiederholung beweist das die Geschichte der Völker ebenso wie die Psychologie des Einzelnen – in der Gefahr, seine Kräfte und seine Standfähigkeit immer wieder zu überschätzen. Er beginnt sich in der Umschlossenheit der beschützenden Konventionen zu langweilen, er fühlt sich pubertär ‹eingeengt›, sein eigenwilliger Drang nach Freiheit wird übermächtig – und so stürzt er hinaus und setzt sich den Stürmen des Umfelds und den inneren und äusseren Naturgewalten frei und ungeschützt aus.

Dass diese Deutung nicht aus der Luft gegriffen ist, lässt sich daran erkennen, dass das «Daheim» dieses Buben Robert keineswegs als ein Wohnhaus, sondern hier als eine Kirche dargestellt ist. In der Wissenschaft der Symbolik ist die Kirche ein Ort religiöser Geborgenheit, der seelisch-geistigen Behaustheit mit Hilfe der Lehre, der Gebote und Verheissungen des christlichen Glaubens. Auch der Regenschirm wird erst plausibel, wenn man die Wissenschaft der Symbole in Anspruch nimmt; denn realistisch ist es gewiss selbst für ein Kleinkind nicht, bei einem Orkan einen Regenschirm aufspannen zu wollen. In der Sprache der Symbole ist der Schirm, den der Robert über sich ausspannt, vielmehr ein Kennzeichen dafür, dass er die echt schützende mächtige Institution Kirche mit einem schwächlichen Instrument individuellen Eigenschutzes zu vertauschen sucht.

Ebenso steht die Kopfbedeckung, der Hut, in der Sprache der Symbolik für einen von Menschenhand gefertigten Kopfschutz, einen Schutz für den Ort seiner Verstandeskräfte, eben den Kopf. Im Hut ist das selbstgebastelte Konstrukt seiner rationalen Vorstellungswelt symbolisiert. Aber weder Hut noch Schirm erweisen sich im Ansturm der Mächte als angemessen und brauchbar, wie das zweite Bild verdeutlicht. Im Gegenteil: Der Hut fliegt weit voran, heisst es im Text, stößt gar an den Himmel an, aber ist dadurch als Schutz längst untauglich geworden. In der Sprache der Symbole heisst das: Der individualistische Eigenschutz erweist sich als unzureichend, als ungeeignet, um den Stürmen des Lebens standzuhalten, ja im Gegenteil:

Der Schirm wird zu einem Instrument einer besonderen Gefährdung. Er wird zum gefährlich aufgeblähten Segel und bewirkt so, dass der ungehorsame Robert sich ohne Wiederkehr von der Erde, und das heisst tiefenpsychologisch: aus der Realität, entfernt.

Diese Geschichte ist damit also von archetypischer Symbolik; denn sie umschreibt bildhaft die *Urversuchung des Menschen*: Die Sache mit dem Leben allein in die eigene Hand nehmen zu wollen und dadurch die eigenen dafür viel zu schwachen Kräfte und die individuellen, nur Menschen gemachten Hilfsmittel zu überschätzen.

Damit erfüllt diese kleine Einzelgeschichte im Struwwelpeter des Heinrich Hoffmann ein wesentliches Kriterium von Kunst: eine überzeitliche Bedeutsamkeit auszudrücken. In naivem Gewand ergeht eine gewichtige Mahnung nicht etwa an Kleinkinder allein, sondern vor allem an das ewige Kind im töricht unreifen Erwachsenen: Seine eigenen Kräfte nicht für größer zu halten, als sie sind, und die Dynamik der finsteren Mächte (im Ungewitter symbolisiert), dem das Menschlein ausgesetzt ist, nicht zu unterschätzen.

Aber mit den eben angelegten Maßstäben der Entwicklungspsychologie, der Pädagogik und der Tiefenpsychologie ist der Ertrag an Erkenntnis dieser kleinen Geschichte noch keineswegs ausgelotet. Wir dürfen darüber hinaus gewiss auch die Historie bemühen und die Bildergeschichte im Kontext der politischen Situation der ersten Hälfte des 19. Jahrhunderts betrachten. Gerade dieses war damals mächtig in Schwung geraten – als Nachwirkung Rousseaus und der Französischen Revolution: das Aufkeimen eines so noch nie dagewesenen Liberalismus und Rationalismus als einer Gegenbewegung gegen die als Bevormundung erlebte geistliche Herrschaft der Kirche, der man ihre weltliche Macht mit der Regelung der sogenannten Säkularisation von 1806, am Beginn des 19. Jahrhunderts also, weitgehend bereits geraubt hatte.

Die Hoffnung auf Emanzipation von Gott, von der Kirche zugunsten einer revolutionär eingeläuteten, sich selbst bestimmenden Freiheit des Einzelnen stand bei diesen Maßregeln Pate. Und wir dürfen gewiss nicht ausser acht lassen, dass der Struwwelpeter im bedeutungsschwangersten Jahr des 19. Jahrhunderts überhaupt publiziert wurde: 1848 ist sowohl das Erscheinungsjahr des Kommunistischen Manifests von Marx und Engels wie auch der Beginn der europäischen Revolutionsbewegung, die über Frankreich zunächst nach Preussen und Österreich und dann auch auf das übrige Deutschland, auf Italien und Ungarn übergriff.

Der Struwwelpeter ist also eine geistige Geburt in einem Jahr hochgradiger fundamentaler politischer Spannungen und geistig-geistlicher Auseinandersetzungen, ja machtvoller Gegenbewegungen. Es ist deshalb gewiss kein Zufall, dass gerade auch in diesem Jahr 1848 zwei hochbedeutsame kirchliche Werke entstanden, die als eine gezielte Abwehr des atheistischen Liberalismus konzipiert waren: im katholischen Bereich die Gründung des Kolping-Werkes und im evangelischen Bereich mit der Denkschrift von Johann Hinrich Wichern die Gründung der Inneren Mission.

In dieser spannungsgeladenen Situation geht es also letztlich genau um diese Frage: Wird er jetzt größenwahnsinnig, der Mensch, oder gibt er sich bescheiden darein zu erkennen, dass er den Ort geistlicher Geborgenheit weiterhin nötig hat? Vielleicht hat die kleine Hoffmann-Geschichte sogar unterschwellig mitbewirkt, dass die damals entmachtete, verarmte katholische Kirche dennoch just in diesen Jahren einen neuen Aufschwung nahm und in den nächsten Jahrzehnten sogar so sehr erstarkte, dass Bismarck später es für nötig erachtete, ihr mit einem Kulturkampf den Garaus machen zu wollen.

Aber wie dem auch sei: Wenn man den Tiefsinn der kleinen Hoffmann-Geschichte erst einmal erfasst hat, wird auch deutlich, warum der Struwwelpeter unsterblich ist. Zumindest mit dieser Geschichte rührt er an den Urkonflikt der Menschheit zwischen Beharren und Verändern, zwischen Gebundenheit und Befreiung, zwischen Gehorsam und Trotz, zwischen Bescheidung und Selbstüberschätzung.

Und wenn wir nüchtern einen Blick auf unsere jetzige heutige geistige Situation werfen, wird uns deutlich, dass wir nicht im mindesten im Laufe der fast 150 Jahre nach dem Erscheinen dieses Kinderbuches zu angemessenen Schlussfolgerungen aus den gewaltigen, oft so blutigen Emanzipationsbewegungen von Gott vorgestoßen sind, im Gegenteil: dass wir auch heute noch ebenso unausgegoren, halbbewusst oder unvernünftig in ihrem Bann sind wie im Jahr des sich abzeichnenden Unheils von 1848, das in Hoffmanns Bildergeschichte als eine drohende Wetterwand dargestellt ist.

Hoffmanns Mahnung ist bis heute also auch für uns moderne Himmelsstürmer von höchster Relevanz, und das soll jetzt an einigen eindringlichen, uns zutiefst betreffenden Beispielen exemplifiziert werden.

Wie leichtfertig und unnachdenklich tapste z. B. der Robert der ersten Hälfte unseres Jahrhunderts mit dem Regenschirm seiner technischen Erfindungen und Innovationen in der Umwelt herum – wie unnachdenklich schnell war er damit aus dem Kirchenraum herausgetreten, in dem zuständigkeitshalber die maßgebende Frage gestellt wird:

Darf ich vor Gott und den Menschen das denn auch tun, was ich kraft meiner neuen Erfindung jetzt tun kann? Und wie hängt dieser Robert nun – schier wie an diesen seinen Schirm gefesselt – im Unvorhersehbaren, Unübersehbaren, letztlich doch Unberechenbaren bedroht von Atomkriegen, Atomstörfällen, Ozonlöchern und dem seiner Alchimistenküche unversehens entwichenen bedrohlichen Chemikalien! Und wie wenig erweisen sich diese Höhenflüge unseres Roberts als unterbrechbar, als reversibel!

Trotziger Robert mit dem Versuch einer endgültigen Absage an Gott ist z. B. mitsamt seinem symbolträchtig knallroten Regenschirm auch der atheistische marxistische Materialismus, dessen Verwirklichung vergeblich 70 Jahre lang in Osteuropa versucht wurde. Auch er setzte auf die Eigenkraft des Menschen allein und auf eine Utopie: dem zukünftigen selbstgebastelten Arbeiterparadies der Gerechtigkeit. Entfesselung brutalster Stürme in einer unmenschlichen Diktatur waren die Folgen, und der Gleichheitswahn als Voraussetzung zum Erringen dieses Ziels wurde zum roten Schirmsegel Sozialismus, der den ungehorsamen Robert elendiglich von der Wirklichkeit abheben ließ. Und hier können wir heute sogar sagen, wohin der Sturm ihn getragen: nicht ins Paradies, sondern in den wirtschaftlichen und mentalen Ruin. Und dennoch sind heute mit diesem roten Schirm weiter jede Menge neue Roberts unterwegs – dort im Osten, ja, sogar beklemmend reichlich, voller Unverstand und in blindem Trotz, auch hier und heute im Westen!

Ein leichtfüßiger Robert ist aber auch der individuelle Liberalismus, der sich so recht erst in den letzten dreissig Jahren zu einer lebensbedrohlichen Absolutheit ausgeweitet hat; denn erst mit Hilfe unserer elektronischen Medien wurden alle Zäune, die das abendländische Christentum einst als Schutz errichtet hatte, überstiegen, so dass unser Robert mit der Parole «Erlaubt ist, was gefällt» auf seinem Schirm so recht in ein ausgreifendes Gepatsche geriet.

Ja, lange patschte er erst noch in dem immer mehr aufweichenden Sumpfboden der sogenannten antiautoritären Erziehung, der sogenannten Entkriminalisierung von Straftaten, besonders aber der sexuellen Enttabuierung herum, ehe auch er nun immer mehr abhob, unbelehrbar, trotz der Erfahrung von nassen Füßen und den negativen Folgen. Auch dieser Robert verlor seinen Hut, d. h. er büßte die Selbstkontrolle durch rationales Überprüfen der negativen Folgen und einen daraus entwickelten Schutz vor dem Falschen ein.

Nun muss er das deshalb alles erleiden: sein vieles Krankwerden als Folge der entfesselten Sexualität, als Folge seiner Entschämung, als Folge seines Unvermögens, z. B. nur aus dem Boomen der Sexualdelikte und des sexuellen Missbrauchs, der Massenabtreibung den Schluss zu ziehen, dass man so pornographisch Sex nicht aufheizen darf.

Nun kann er Ehe nicht mehr durchhalten, nun fliegt er dahin, hinein in sein zerzaustes Single-Leben als Folge seiner berauschten Eigenmächtigkeit, hinein in sein Abdriften in die familienfeindliche Zukunftslosigkeit.

Und alle selbstgebastelten Theorien seiner «Berechtigung» zu einer so absolut selbstbestimmten und selbstverwirklichten Freiheit sind als unbrauchbar gewordener Hut nun ein Spielball der Mächte geworden und fliegen abgetrennt von seinem Sein vor ihm her, genauso wie all die verführerischen Parolen, die ihm der Zeitgeist als scheinbar hinreichenden Schutz, aber dennoch als unzureichende Behütung aufgeschwätzt und aufgesetzt hat.

Und ein besonders tumber roter Robert der Moderne ist der, der in der Kirche hauptamtlich behaust ist und dieses plötzlich nicht mehr als eine besondere Gnade, einen besonderen Auftrag in besonderer Verantwortung verstehen will, sondern sich statt dessen draussen herumlümmelt und auf seinen Regenschirm die törichsten Parolen gemalt hat: z. B. «Wir sind Kirche», oder: «Ich bin autonom und pfeif' auf den Alten in Rom».

Dieser Robert ist geistlich sogar so blind, dass er die so am Himmel heraufbeschworenen Stürme nicht als Drohbotschaften Gottes erkennt, sondern sie schlichtweg für rosige Abendwölkchen hält, ja, der nicht nur meint, die Heiligtümer ignorieren und umfunktionieren zu können, sondern sie sogar zu entweihen und zu stürzen sucht – Wahn eines Eigenseglers, dem die Wirklichkeit zur Zeit in rasendem Aufwind entgleitet.

Und ein letztes: Der neue Robert mit dem Regenschirm: Computer. Auch an den festgeklammert entschwebt er bereits notvoll, und zwar in einer nahezu perfekten Abgeschirmtheit im wahrsten Sinne dieses Wortes, in totaler Vereinzelung, hinein in eine Einsamkeit, die keiner Menschenseele neben sich, mit sich, vor sich noch gewahr wird, in der Tat ein abgehobener Zigeuner am Rande des Universums – von Neuerungssucht getrieben und achselzuckend der Kirche entflohen, weil sein in Lieblosigkeit kalt erstarrtes Herz keinen Nutzen mehr sieht in der Gemeinschaft des pilgernden Gottesvolkes gar, weil diesem Robert das liebende, füreinander verantwortliche Miteinander in einer gemeinsamen Zielsetzung kein Wert mehr zu sein scheint – er hat sich an seinen absolut gesetzten Egotrip ausgeliefert.

Ach, das sind nur vier zur Zeit aktive, unbekümmerte Roberts in unserer momentanen Situation. Sie ließen sich um einige Beispiele vermehren.

Aber sie alle haben einen Hauptnenner: Sie sind die Ausgeburt einer einzigen Frucht: einer kindischen Überheblichkeit, die aber anscheinend im Menschengeschlecht so unsterblich ist wie eine Hydra, der immer neue Köpfe nachwachsen.

Und doch wäre es einfach, mit Erfahrungswissenschaft, mit dem Beschreiben und Auflisten all der unguten Früchte und mit vernünftiger Hellhörigkeit zu lernen, dass wir ohne unsere freiwillige Einbindung in den Schutz eines uns liebenden Gottes keine Chance haben, in der Realität zu verbleiben und dort in nüchterner Einschätzung unserer Möglichkeiten und Grenzen Sinnvolles und Konstruktives zu erwirken.

«Passt doch auf!», ruft also der weise Dr. Hoffmann keineswegs nur den Kindern zu. «Rückt ihr die Kirche in die Ferne, macht ihr sie klein, wie sie auf dem letzten Robert-Bild dargestellt ist, so enthebt ihr euch auch ihres Schutzes!» – «Wo der Wind sie hingetragen, ja, das weiss kein Mensch zu sagen», schließt Hoffmann sein Struwwelpeter-Epos und lässt uns dessen Relevanz in all seiner bedrückenden Aktualität deutlich werden.

Wird also unser Robert heute mit Hilfe eines einsichtigen Realitätssinns, mit Hilfe einer unideologischen, bilanzierenden Geschichtswissenschaft, mit sachlicher Analyse durch Soziologie, Theologie und Philosophie das Halsbrecherische seiner Situation erkennen? Wird er so nüchtern, so reif sein, dass er umkehrt – oder wird unser aller Robert-Schicksal heissen: «Gone with the wind»? Oder den Autor ergänzend: «Wo der Wind sie hingetragen, konnte Hoffmann noch nicht sagen – schaudernd sehen wir's und klagen»?

Es war meine Absicht, an diesem Beispiel aufzuzeigen, wie Erkenntnis durch Geisteswissenschaft im Sinne von Wilhelm Dilthey zu gewinnen ist; denn diese Wissenschaft schließt «das Wesen des ganzen Menschen» – und das heisst: die Fülle seiner Dimensionen – nicht aus, sondern bedient sich ihrer zu fündiger Erkenntnisquelle. Der menschliche Geist ist keine Maschine, dessen Funktionen und Dimensionen sich durch Messen und Zählen allein erfassen lassen. Eine Psychologie, die sich darauf zu beschränken sucht, um nur ja im positivistischen Sinne als Wissenschaft zu gelten, verarmt zu nichtssagender Oberflächlichkeit. Auch das aber ist Hochmut, dem der Sturm der Zeitläufte den Hut, seinen Kopfputz der Selbstgerechtigkeit, zu entreissen pflegte.

Und dabei kann doch alles Nachdenken so überraschend, so erkenntnisreich sein, wenn wir nur ganz in Diltheys Sinn jeden Bestandteil der bereits vorhandenen wissenschaftlichen Erkenntnisse «an die ganze Menschennatur», und das heisst hier konkret: an den zu erforschenden Gegenstand anlegen. Wir haben dann die Chance, zu einer Zusammenschau zu finden, die unser Suchen nach Erkenntnis, nach Verstehen in einer Weise vertieft, die zu fruchtbarer Einsicht umgesetzt werden kann, so, dass eventuell sogar vernünftige Kurskorrektur möglich wird. Wenn wir in unserer Analyse so weit gekommen sind, werden sogar die Nägel bedeutsam, mit der die drei absurden Gemälde der Geschichte vom ungehorsamen Robert versehen sind.

Heinrich Hoffmann will mit dieser Befestigung seine Warnung offenbar nicht nur an eine imaginäre Wand heften, sondern er will sie in unser Bewusstsein geradezu einhämmern. Wenn wir diese dringliche Aussage in ihrer Tiefe verstehen, ist die schlichte, in eine symbolische Bildergeschichte eingekleidete Mahnung durchaus geeignet, uns von weiteren verderblichen ideologischen Höhenflügen abzuhalten, wenn wir nur ebenso nüchtern wie bescheiden und klug nicht die bergenden Räume hinter uns lassen. Wir sollten uns ihrer vielmehr dankbar versichern als die uns wirklich tragenden Grundlagen des christlichen Abendlandes, damit in ihrem Schutz Aufbau in umgrenzter Freiheit und damit Zukunft in realistischer Gedeihlichkeit gestaltet werden kann.

Von der *Freude*, katholisch zu sein

«Wohin gehen wir? Immer nach Hause», hat Novalis gesagt. Ich bin vor einigen Jahren zu Hause angekommen, und das Glück darüber wacht jeden Morgen neu mit mir auf. Es ist mehr, als alles Glückserleben, das ich in meinem Leben reichlich erfahren durfte. Es ist ein Gehaltensein und bedeutet für mich eine nicht mehr verwundbare Geborgenheit. Das ist Anlass zu großer Dankbarkeit für mich.

Zu meiner Firmung im Jahr 1987 schenkte mir meine Heimatgemeinde «Zum göttlichen Erlöser» einen Ableger des 1000jährigen Rosenstocks vom Domhof unseres Bischofsitzes zu Hildesheim, und mit diesem Geschenk in all seiner Symbolträchtigkeit brandete briefkorbfüllend öffentliche und vielfältig persönlich artikulierte Freude, aber oft auch Bedenken darüber bei mir an, ob meine – eine solch späte – Einwurzelung in die katholische Kirche wohl überhaupt noch möglich sei. Es war ein heisser Hochsommertag, als wir die kostbare Pflanze sorgsam in unseren Garten trugen – und selbst mein gärtnerisch versierter Ehemann hielt dies Umpflanzen mitten im Sommer für ein bedenkliches Unternehmen mit ungewisser Prognose. Und da musste in der Tat täglich gekämpft werden: gegen Dürre und Hitze, gegen die Konkurrenz mit einer eifersüchtigen Clematis. Im ersten Winter war die Umhüllung gegen Frost und Schnee nötig, und im darauffolgenden Frühling musste Ungeziefer abgewehrt werden. Düngung wurde wichtig. Doch dann begann sich der Rosenstock prachtvoll zu entfalten, er erblühte zum zweiten Firmgeburtstag zu hellrosa Blütenpracht und überschüttet uns seitdem Jahr für Jahr mit einer Fülle rotglänzender Hagebutten-Früchte. Die Rose – wir haben sie «Sancta Ecclesia» getauft – hat allen Unkenrufen zum Trotz in unserem Garten Wurzeln geschlagen, genauso wie die hl. Kirche in dem Garten meiner Seele und meines Geistes.

Wie kommt es zu so viel blütenreicher Freude am Katholisch-Sein? Den meisten Menschen, denen meine Konversion bekannt wurde, ist das befremdlich. Der Zeitgeist hat für Katholisch-Sein Ausdrücke wie «veraltet», «erstarrt», «erzkonservativ», «fundamentalistisch», «formalistisch», «prunksüchtig», «autoritär» und «krankmachend» parat – in den elektronischen Medien ohnehin in oft diffamierendem Ton – aber manchmal sogar mitgeheult von Insidern in selbstbezichtigender Nabelschau.

Wie kann eine Psychologin, eine Publizistin, die doch auf öffentliches Ansehen geradezu angewiesen ist, sich durch einen solchen Schritt derart ins eigene Fleisch schneiden und sich zu einer so wenig angesehenen Institution, wie die katholische Kirche zur Zeit nun einmal wieder dargestellt wird, öffentlich bekennen? Dies vorher bedacht und dennoch getan, genoss ich es, in Parallelen zur Geschichte vom verlorenen Sohn glücklich beim Vater in der neu gewonnenen Heimat sein zu dürfen. Und das lässt sich sogar rational begründen und soll im Folgenden versucht werden. Zunächst: Wo viel Dunkelheit war, wird das Licht besonders dankbar empfangen, wo viel Kälte zusammenzog, ist Wärme genussreich. Wo unruhige Sorge bedrängte, wird Entlastung besonders intensiv als Erleichterung erlebt.

Vom Ende der sechziger Jahre an stand ich zunehmend in einer solchen Bedrängnis. Ich hatte durch meine praktische Arbeit als Kinder- und Jugendlichen-Psychotherapeutin und durch meine Zusammenarbeit mit Verhaltensforschern nämlich eine Entdeckung gemacht: Seelische Gesundheit im Erwachsenenalter ist (u.a.) in einem hohen Maße davon abhängig, ob den Kindern in hinreichender und gekonnter Weise ihre lebensnotwendigen Urbedürfnisse erfüllt werden. Sie sind an (unzureichend bekannte) Naturgesetze gebunden, die durch einen wissenden Liebeseinsatz der Eltern, besonders aber der Mutter, geleistet werden müssen.

Ohne diese Liebe wird der Mensch häufig später im Erwachsenenalter weder liebes- noch arbeitsfähig. Je unzureichender oder unrichtiger die Pflege und Erziehung des Kindes gehandhabt wird, um so gefährdeter wird der Mensch, hinter dem Potential seiner in ihm angelegten Möglichkeiten zurückzubleiben oder gar ganz zu verkümmern, und das heisst, süchtig, kriminell oder depressiv zu werden. Zu der am Anfang noch sehr urtümlichen Liebe muss für das Kind im Laufe seines Werdeganges geistliche Orientierung und Erziehung hinzukommen, damit es im Erwachsenenalter reifes Menschsein entfalten und mit seinen Pfunden wuchern kann.

Diese Erkenntnis als Frucht der Beschäftigung mit seelisch beschädigten Jugendlichen und Kindern – so mein Resümee – stimmt mit der Grundaussage des Christentums überein, ja, ich empfand meine Lehre in zunehmendem Maße als eine Konkretion der christlichen Offenbarung für eine Zeit, die durch eine immer künstlicher werdende Lebensweise die notwendigen Eingebundenheiten der Eltern, besonders der Mütter, nicht mehr für nötig erachtete und die Unaufgebbarkeit ihres Wertes nicht bewusst erkannt hatte. Ein bewusst christlicher Vorrang im Erziehungs-, Ehe- und Familienstil schien mir die zwingende Konsequenz der Erfahrung zu sein, dass unzureichend betreute Kinder – weil kaum reparierbar beschädigt – oft lebenslänglich leidende und auch die wirtschaftliche Gedeihlichkeit mindernde Erwachsene werden... Ich erkannte hier eine bedrohliche Gefahr für alle Industrienationen, die ihren Lebensstil im Sinne einer leichtfertigen Kinderfeindlichkeit und einer Vernachlässigung des Wertes der Familie veränderten. Meine daraus resultierende Öffentlichkeitsarbeit ging aus dem bedrängten Verantwortungsgefühl als Konsequenz meiner Erkenntnisse hervor.

Zu Beginn der siebziger Jahre gab es noch viele Menschen, viele kirchliche Institutionen auch, die das hören wollten. Aber dann entstand – angeführt von der sog. Frankfurter Schule – ein zunehmend marxistischer und gleichzeitig liberalistischer Trend in Westeuropa, der sich familienfeindlich – weil in der Kindererziehung sozialistisch-kollektivistisch – und auf die Ehen zerstörerisch auswirkte. Es entstand gewissermaßen eine Mischung zwischen einer auf Biegen und Brechen durchgesetzten Gleichheitsideologie und einer vergötzten Liberalisierung der Sexualität, was die schädlichsten und Kräfte mindernden Folgen haben musste.

Ich kam mir in dieser Zeit oft vor wie die Alte in der friesischen Sage, die wie gelähmt vor Entsetzen das Unwetter heraufziehen sieht, während das Volk auf dem Eis unbekümmert tanzt, so dass ihr nichts anderes übrig bleibt, als die eigene Hütte anzuzünden, um wenigstens die Aufmerksamen vom Eis herunterzuholen. Wer begriff, was mein Warnen meinte? Da es sich um ein Existenzproblem handelt, ging und geht es schließlich alle an, jedes Elternpaar persönlich, die Politiker, Mediziner, Psychologen, Ökonomen, Pädagogen, vor allem aber auch die Theologen und ihre Kirchen, denen ich gewissermaßen zuarbeitete. Viele Pastoren, viele Pfarrer waren auch durchaus hellhörig; aber der Trend der siebziger und achtziger Jahre in die familienfeindliche Richtung war allzu mächtig. Jetzt wurde die Jugend gegen ihre Eltern oft geradezu aufgehetzt, gegen die Familie, oft auch gegen die Kirche, was seelische Verwahrlosung bis hin zum Terrorismus zur Folge hatte. Das Ausmaß der seelisch-geistigen Zerstörung, das ich durch meinen Beruf am einzelnen, schwer gestörten Menschen wahrnahm, entsetzte mich tief und versetzte mich in Sorge um die Zukunft unserer Kinder und der irregeleiteten Bevölkerung.

In der evangelisch-lutherischen Kirchenleitung in Deutschland blieb man taub gegen meine Warnungen. Im Gegenteil: Sie gab ihren Widerstand auf und schwenkte in ein einseitig politisierendes Fahrwasser ein. Die ehrwürdigsten Bastionen: Ehe auf Lebenszeit, Keuschheit vor der Ehe, eindeutige Abweisung der Abtreibungszulassung, Bewahrung der Kinder vor negativen, gewaltfördernden Einflüssen und vor sexuellem Missbrauch, wurden hier widerstandslos geschleift und gingen so sang- und klanglos zugrunde.

Anders der Vatikan. In dem Ausmaß, wie die Verheerungen sichtbar wurden, wurden dort die altehrwürdigen Festungswälle verstärkt, ja, es wurden vom Papst in aufmerksamer Beobachtung der Trends Gegenakzente gegen die Zerstörung gesetzt. Mit Nachdruck wurde zum Beispiel die Notwendigkeit von Familie, der Wert und die Wichtigkeit des Einsatzes der Mutter, die Fragwürdigkeit entfesselter Sexualität und die Bewahrung der Menschenwürde durch die Betonung der Unverfügbarkeit des Menschen auch über das ungeborene Kind in den Mittelpunkt vieler Verlautbarungen gestellt und unbeeinträchtigt durch das jeweils laute Aufheulen der im Trend schwimmenden und ihn aufheizenden papstfeindlichen elektronischen Medien durchgehalten. Der Vatikan erwies sich als gänzlich unangefochten – und ließ sich auch durch die schleichende Infiltration des unchristlichen Geistes nicht im mindesten beeindrucken. Der Vatikan stand hellsichtig auf dem Posten – eine Gegebenheit, die durch das Pontifikat des polnischen Papstes noch nachdrücklich verstärkt wurde.

Diese meine Erfahrungen bildeten aber lediglich den Boden, auf dem meine Vorstellung reifte, dass für mich die entlastende Wahrheit dort zu finden sein müsste, wo sie sich langfristig mit guten Früchten durch ihr Beharren auf unaufgebbaren Säulen im Alltag bewährt hatte.

Meine Zuneigung wuchs vor allem dadurch, dass ich – auf diese Weise hellhörig geworden – als ein scheuer Zaungast bei den katholischen Veranstaltungen, zu denen man mich vielfältig rief, an den *Heiligen Messen* teilnahm. Da kam etwas auf mich zu, das mich unbewusst bereits beim Mitsingen der großen klassischen Messen von Mozart, Schubert bis Bach, ergriffen hatte: die Mächtigkeit der hier *heilig bewahrten Anbetung*. Es wuchs meine Sehnsucht nach rein erhaltener Andacht durch eine Gemeinde, die angesichts der Gegenwart des Herrn gläubig-ehrfürchtig in die Knie sinkt. Hier wurde mir klar, dass dieses Geschehen etwas strukturell Unvergleichbares mit dem Erinnerungsmahl der evangelisch-lutherischen Kirche ist. Es bleibt nicht im Vorfeld stehen, sondern bedeutet unmittelbare, uns Sündern von Christus durch den geweihten und bevollmächtigten Priester gewährte Teilhabe am Heilsgeschehen, an der Gemeinschaft mit dem Herrn.

Ich begann zu begreifen, dass das uns durch Christus inkarnierte Himmelslicht, die Liebe, ein unsere Natur und unsere Realität überschreitendes Phänomen ist, eine Gabe, die empfangen sein will und die, inkarniert und realisiert, die Naturgesetze zu durchbrechen in der Lage ist! Die mystische Verwandlung von Brot und Wein in Leib und Blut Christi schien mir nun die angemessene Form des Empfangs einer Begnadung von uns Menschen, die ohne eine solche «himmlische» Liebe Verlorene bleiben. Deshalb ist die Wundermacht unseres Herrn und Gottes in jeder heiligen Messe neu gegenwärtig, eine Kraft, die wir dringend brauchen; denn ohne sie ist im harten Alltag das Gutsein, die Liebe nur aus dem eigenen menschlichen Willen, gar nicht durchhaltbar.

Mir wurde besonders am Erleben der vielen seelisch schwer beeinträchtigten Menschen in der Praxis deutlich, wie wenig wir unser Leben aus eigener Kraft in Glück und Frieden bewältigen können. Edel sei der Mensch, hilfreich und gut – das möchten zwar viele Menschen gern sein; aber langfristig bringen wir das nicht zustande, zumal, wenn wir von Not, Leid und Krankheit getroffen werden.

Wir sind der Quelle bedürftig, die uns mit immer neuer Kraft beschenkt. Und die gibt es schließlich in der heiligen Kommunion! Hier fließt jenes Lebenswasser, von dem Christus zu der samaritischen Frau gesagt hat, dass es den Durst löscht. Und das geschieht dadurch, dass wir uns um diesen ewigen Brunnen scharen. Es geschieht dadurch, dass wir begreifen: selbst Not und Tod können uns nichts anhaben, wenn wir nur in der Nähe unseres Erlösers, unseres Retters bleiben.

Was für eine Kunde! Alle Lebenskämpfe hier auf Erden enden – trotz aller ärztlichen Tüchtigkeit – in einer unausweichlichen Niederlage: im Tod! Doch die, die sich retten lassen wollen, sind ihm seit der Tat von Golgota nicht mehr endgültig ausgeliefert! Sie dürfen das ewige Leben haben! Mit der Wunderkraft des Liebens schon hier im irdischen Leben und darüber hinaus mit ewigem Leben beschenkt zu sein – das löst in mir immer neu eine geradezu herzsprengende Freude aus, so dass es für mich ein großes Glück ist, dass ich mitsingen, dass ich in tiefer Dankbarkeit in der Messe zu unserem Gott hinaufjubeln darf.

Als ich erst einmal begriffen hatte, was hl. Messe bedeutet, bekam ich bald auch Zugang zu anderen Bereichen der katholischen Kirche, die mir vorher fern gewesen waren. Die hohe Bedeutung der *Gottes-Mutter* zum Beispiel als ein verbindendes Glied zwischen den Menschen und der göttlichen Dreifaltigkeit wurde mir klar. Was braucht denn unsere entmutterte Zeit mehr als das Glaubens-Vorbild dieser Mutter aller Mütter? Wie wenig können gerade wir zur Emanzipation befreiten Frauen des 20. Jahrhunderts sie entbehren! Was für ein Verlust ist es, Maria als Gesprächspartnerin preiszugeben! Kann uns nicht gerade bei so mancher Not der Schutzmantel Mariens, das Hinaufschauen auf sie, darauf, wie sie ihr Schicksal trug, wie sie sich vollständig hinter der göttlichen Sendung ihres erwachsenen Sohnes zurückstellte, mehr Trost, Orientierung und Hilfe vermitteln?

Ich bin sehr froh, nun eine katholische Mutter und Großmutter sein zu dürfen, ja überhaupt eine katholische

Frau, eine Tochter der Kirche – wie Teresa von Avila voller Stolz bekennt –, so dass ich mich nicht mehr länger dem Anspruch des verlogenen Zeitgeistes aussetzen muss, dasselbe sein zu sollen wie ein Mann! Katholizität beschenkt uns Frauen durch Christus mit gleichberechtigter Menschenwürde; aber sie respektiert selbstverständlich die geschöpfliche Andersartigkeit der Frau (was wissenschaftlicher Geschlechterpsychologie entspricht). Ja, Katholizität billigt der Frau am exemplarischen Beispiel Mariens einen besonderen Auftrag zu: die Voranlaufende zu sein im Bereich hingebungsvoller Liebe und vertrauensvollem Glauben. Die Liebe eben ist im Christentum der höchste göttliche Wert. Für die gefühlsoffene, liebevolle Frau hat die katholische Kirche durch Maria sogar ein ganz besonderes Gespür.

Auf dem Sektor des Führens und des Aus-Spendens des Heils legt die katholische Kirche uns Frauen freilich Grenzen auf, weil sie unseren Begabungen nicht gemäß sind. Doch wie sehr können wir uns mit uns gemäßen Aufgaben zufriedengeben, wenn wir uns an die Haltung Mariens im Heilsgeschehen anlehnen. Sie tritt kaum hervor und erhält doch den allerhöchsten Wert im Heilsgeschehen.

Wie kann sich deshalb gerade heute eine echt gläubige Katholikin unterstützt und behütet unter dem Mantel von Maria fühlen! Wie sehr ist es mit dieser Sichtweise vorstellbar, dass Maria bei unserem Gott, bei Christus besonderes Erbarmen für leidvoll Geschundene zu erflehen vermag? Und wie stimmig erscheint es bei solchen Überlegungen, dass die katholische Kirche der Gottesmutter Maria unter den Heiligen die am meisten hervorgehobene Stellung einräumt – war dieser ihr makelloser Gottesgehorsam angesichts der Ankündigung des Engels doch die entscheidende Voraussetzung zur Geburt von Jesus Christus und damit auch die Voraussetzung zur Erlösung des sündigen Menschengeschlechts durch seinen Kreuzestod und die Opferung seines Blutes.

Dieses «Ja» Mariens am Anfang in Nazaret und bis nach Golgota war schließlich die freie Entscheidung eines Menschen für Gott – trotz schwerster Bedrängnis! Diese Entscheidung Marias bedeutet deshalb gleichzeitig höchste Verwirklichung einer von Gott für seine Geschöpfe ersehnten Haltung, so dass ihr hohe Verehrung, ja, darüber hinaus Himmels-Königin-Existenz zusteht. Abgesehen davon ist für gläubige katholische Mütter gerade diese Vorstellung besonders herzwärmend. Ich wende mich besonders gern an Maria, wenn kleine mütterliche oder großmütterliche Sorgen anstehen: mit der Bitte, dass ein Fieber vorübergeht, ein Kinderohr nicht mehr schmerzt, eine Wunde heilt. Ich nehme nämlich mit aller Freiheit eines Christenmenschen an, dass unsere heilige Mutter hier einige Vollmachten hat.

Ich habe einmal – bedrängt von der erschütternden Nachricht, dass eine junge uns nahestehende Witwe, die für ihre vier kleinen Kinder noch dringlichst gebraucht wurde, an einem Lungenkrebs erkrankt war – alle meine kleinen Enkel zusammengeholt und habe sie in unserer Kirche vor der Marienstatue (nachdem sie ein Licht gespendet hatten) die Patschhände falten und für das Leben dieser Mutter beten lassen, natürlich auch mit dem unaufgebbaren Nachsatz: «Aber nicht unser, dein Wille geschehe, heiliger Herr!» – Die Witwe hat die Operation überstanden und ist heute – nach mehreren Jahren ohne Metastasen – gesund!

Noch ein weiterer Bericht über etwas mir Geschehenes: Ich zerfetzte mir durch einen Unfall vor Ostern am linken Bein eine Arterie und eine Vene derart, dass ich – in die Chirurgische Universitätsklinik transportiert – von dem dortigen Chefarzt zu hören bekam, dass der Erhalt des Beines gefährdet wäre, und wenn, dann allenfalls durch eine umfängliche Operation mit Hauttransplantationen gerettet werden könne – mit der ärztlichen Prognose, mindestens ein Jahr damit lahmgelegt zu sein. Drei weitere hinzugezogene chirurgische Experten bestätigten diesen Befund. Bis zum Operationstermin hatte ich bewegungslos im Haus zu verharren. Da ich nun aber eine große Zahl von Vorträgen und Patienten abzusagen hatte, setzte mit dem Tag dieser Nachricht ein Fürbitte-Gebet von unzähligen Menschen ein. Und nun geschah das Wunder: Gewiss sorgfältig und fachmännisch gepflegt und in ärztlicher Obhut, schloss sich binnen kurzem – ohne Einlieferung in die Klinik – die Wunde so nachhaltig, dass ich schon nach vier Wochen meine Arbeit wieder fortsetzen konnte. Eine kaum sichtbare Narbe blieb zurück. Das ist Kunst der Ärzte – aber warum nicht auch die fürbittende Wirkmöglichkeit der Mutter aller Mütter bei ihrem göttlichen wundermächtigen Sohn? Ich habe jedenfalls mittlerweile eine ganze Reihe direkter Wunder und echte Gebetserhörungen erfahren. Wie froh macht das – zu erleben, dass der Glaube wirklich Berge versetzen kann und dass unser Herr wirklich der allmächtige Herr über Leben und Tod ist!

Eine befreit glückliche Katholikin bin ich aber auch dadurch geworden, dass mir nach 20jähriger Beobachtung des ab 1964 mächtig einsetzenden Verhütungszeitalters klar wurde, dass selbst die *Enzyklika Humanae*

Vitae, die 1967 vom Papst für die Katholiken die Anti-Baby-Pille verbot, beschützende Wahrheit ist.

Dreissig Jahre später lässt sich das nicht mehr verleugnen! Es ist in den Verhütungsmitteln eben doch eine verführerische Teufelsklaue versteckt. Der Sinn des Menschenlebens, die Liebe in der Welt zu mehren und so mit daran zu bauen, dass das Reich Gottes auf Erden komme, wird durch sie seltener gewährleistet. Verantwortungsbewusste Elternschaft lässt sich – wie das römische Lehramt rät – nur durch echt liebevolle, evt. auch verzichtbereite Absprache miteinander erreichen. Ein solcher päpstlicher Wegweiser ist deshalb unumgänglich für Hirten, die das Glück und den Segen ihrer Herde suchen; denn das findet der Mensch nur, wenn er sich um Hellhörigkeit und Einfühlung in seinen Nächsten, eben um Liebe bemüht. Seinem tiefsten seelischen Bedürfnis – dem nach seelisch-geistiger Höherentwicklung – kann er nur so gerecht werden.

Ich selbst genieße deshalb geradezu die soviel gescholtene *strengere Moral der katholischen Kirche*, besonders auch ihre nachdrückliche Aufforderung, die Zehn Gebote einzuhalten. Ich habe die Forderung des Zeitgeistes nach liberalistischer «Autonomie» als eine gefährliche Anmaßung, ja als eine verführerische Lüge erlebt. Wir sind nicht mit absoluter, sondern mit eingeschränkter Freiheit begabt. Wer die Grenzen, die der geschöpfliche Gottesgehorsam setzt, missachtet, gerät leicht mit Devisen wie: «Erlaubt ist, was gefällt», und: «Der Zweck heiligt die Mittel», in zerstörerisches Fahrwasser.

Weil die Kirche mit *Petrus* an unserer Spitze uns mit Wahrheit beschenkt und uns vor Fehlern beschützen kann, deshalb kommt niemand in der vom Heiligen Geist begnadeten Kirchenleitung in Rom auf die Idee, dem egalisierenden Schrei nach Demokratisierung der Kirche nachzukommen; denn dieser Petrus hat nun einmal den Auftrag, in einer irdischen Entsprechung der himmlischen Monarchie und Hierarchie der voranschreitende höchste Diener von Jesus Christus zu sein, der wiederum sein Lehrer, Erlöser und Hirte ist, um so den Weg der Gläubigen in der Kirche zu ihrem Gott zu erkennen und zu bereiten.

Das ganze kann freilich nur lückenlos stimmig bleiben, solange die Kirche nicht als irgendeine weltliche Institution verstanden wird, sondern als Leib Christi – und vor allem durch das *allerheiligste Altarssakrament* – heilig gehalten wird. Deshalb auch dürfen wir uns freuen an mächtigen Kathedralen und an ihrer herrlichen, künstlerischen, ja sogar an prunkvoller Ausstattung. Das alles gehört zur Verherrlichung, ist Ausdruck der Anbetung des Herrn, betont die göttliche Kostbarkeit. Das Kostbarste ist dafür eben gerade angemessen.

Dafür haben unsere katholischen Vorfahren oft ein besseres Gespür gehabt als wir heute, die wir uns an diesem heiligen Eifer, der oft schließlich die größten Opfer und Arbeitseinsätze erforderte, nicht nur freuen, sondern verschämt darüber nachdenken, ob Ausstattung auch soviel Geld kosten darf. Wir sollten uns klar machen, dass die prachtvollen Dome, die uns aus der Vergangenheit erhalten sind, ein Zeichen der Glaubenstiefe der damaligen Generationen sind und sie als Ansporn für uns bewundern; denn die Kirche ist eben nicht nur irgendein Gemeinschaftsversammlungsraum, sondern der Leib Christi mit einem Zentrum, dem allerheiligsten Altarssakrament. Und das verspricht schließlich nichts weniger als ewige Vereinigung mit IHM. Deshalb ist die Kirche wirklich ein Schiff, mit Christus als Haupt, mit dem Kapitän, den Steuermännern und Matrosen und den Passagieren auf dem Weg zum Land jenseits des Meeres. Aber als Gemeinde sind wir mehr als nur ein zusammengewürfelter Haufen; denn unser Haupt beschenkt uns mit Seelenverwandtschaft, mit seinem von uns als Gemeinde gemeinsam aufgenommenen Geist.

Zwar halten wir Armen das oft nicht durch – schon Paulus lässt uns ahnen, wie leicht Gemeinde sich immer wieder zum Hühnerhof herabwürdigen kann, wenn sie den Blick nicht fest genug auf ihr Haupt gerichtet hält – aber dennoch ist diese unsere Kirche heilige Gegenwart unseres Gottes, die uns im weiträumigen Rumpf mit dem Frieden der Liebesfähigkeit zu beschenken vermag. Wir müssen uns dem nur in Christi Geist nähern und stellen. Es bedeutet schutzgebende Freude, um die Verheissung zu wissen, dass diese Kirche, unser Schiff, in Ewigkeit unsinkbar, weil eben der Leib Christi ist, so dass selbst «die Pforten der Hölle sie nicht überwältigen werden».

MANFRED BALKENOHL

Vom Sinn des Lebens

302 Seiten, Pappband

Der österreichische Pfarrer Michael Dobler schrieb uns: «Eben habe ich das Buch von Manfred Balkenohl durchstudiert. Ich finde es für unsere Zeit epochal notwendig. Ich beschäftige mich als Priester ganz besonders mit der Familienpastoral. Alle negativen Erscheinungen unserer Zeit (Ehezerfall, Jugendkriminalität, Süchte aller Art) haben ihre Wurzeln im Zerfall der Familie. Das zeigt der Verfasser in wahrhaft grandioser Weise. Hier muss die Neuevangelisierung, von der immer wieder gesprochen wird, beginnen. Die Gnade baut auf der Natur auf.»

HEINRICH REINHARDT

Verwandlung der Sinne – Fünf Wege zu Gott

110 Seiten, 13 Abbildungen, farbiger Umschlag

Was wäre der Mensch ohne seine fünf Sinne? Ein blindes, taubes, immobiles Wesen. Die fünf Sinne sind fünf Fenster zur Welt, die Licht hereinlassen, und fünf Organe, die Kontakt schaffen. Sie sind aber auch die Antenne für das Übersinnliche, für die jenseitige geistige Welt: Sie sind Wege zu Gott. Der Autor zeigt, wie wichtig die Ausbildung der Sinne für ein geistig und körperlich gesundes Leben ist. Nach der Lektüre dieser «Gebrauchsanweisung» fällt es dem Leser «wie Schuppen von den Augen» und er bekommt ein neues Gespür dafür, wie er mit seinen fünf Sinnen umgehen sollte und wie tief er mit ihnen in die Geheimnisse der Schöpfung eindringen kann.

CHRISTIANA-VERLAG CH-8260 STEIN AM RHEIN

CHRISTA MEVES

Ein neues Vaterbild

92 Seiten, 19 Farbbilder, gebunden, DM 19.80, Fr. 18.-

Zwei Frauen haben dieses Buch gestaltet. Die eindrucksvollen Bilder von P. Laguéns haben Christa Meves angeregt, uns in eindringlicher Weise Josef als Vorbild für heutige christliche Familienväter vorzustellen und dabei die Größe seines Charakters auszuleuchten. Der Ehemann Marias und Pflegevater Jesu meisterte Schwierigkeiten und glückliche Situationen im Vertrauen auf Gott. Von der Wiederentdeckung eines die Jugend faszinierenden Vaterbildes hängt die Zukunft der Menschheit ab.

CHRISTA MEVES

Mut zum Erziehen

24. Aufl., 142 S., Pb., DM 12.-, Fr. 11.-

Heute machen sich Eltern mehr Sorgen um ihre Kinder als noch vor einer Generation. Ihre Zukunft ist in der Tat gefährdet, und zwar durch seelische Schwierigkeiten. Auf Grund ihrer Beobachtungen in der kindertherapeutischen Praxis warnte Christa Meves schon vor Jahren vor Fehlentwicklungen, die sich in früher Kindheit anbahnen und später zu Schulversagen, Arbeitsscheu, Sucht oder Verwahrlosung führen können. Sie entstehen, wenn die Lebensentfaltung eines Kindes durch Erziehungsfehler gestört wird. Dieser Ratgeber zeigt anhand von Beispielen, nach welchen Lebensgesetzen Kinder heranreifen und was in den jeweiligen Entwicklungsphasen zu beachten ist. Störungen lassen sich schon im Ansatz erkennen, wenn Heilung noch leicht möglich ist.

CHRISTIANA-VERLAG CH-8260 STEIN AM RHEIN

CHRISTA MEVES

Ehe-Alphabet

35. Aufl., 126 Seiten, DM 12.-, Fr. 11.-

Christa Meves versucht in diesem «Ehe-Alphabet» einiges von den Erfahrungen mitzuteilen, die sie in einer großen psychagogischen Praxis und in vielen menschlichen Begegnungen gewinnen konnte. Es geht ihr nicht um Rezepte für den Ehealltag, sondern um Grundhaltungen, die eine Ehe heute, durch alle Krisen hindurch, lebenswert machen. Den Lesern gewidmet, die vor den Anforderungen einer modernen partnerschaftlichen Lebensgemeinschaft stehen und trotz aller Sirenenklänge unseres Zeitgeistes den Mut haben, mit Gottes Hilfe eine Bindung auf Lebenszeit einzugehen. Hier finden Sie wertvolle Tips, die viel schmerzliches Lehrgeld ersparen, und einen Erfahrungsschatz, der Gold wert ist.

CHRISTA MEVES / ANDREA DILLON

Hochsommer

2. Auflage, 175 Seiten, 14 Abb., DM 17.-, Fr. 15.50

Presse-Urteil: Die Psychotherapeutin Christa Meves und eine junge Doktorandin in Graz haben in den heissesten Monaten 1994 per Fax 26 Briefe gewechselt, worin sie zu brennenden Glaubensfragen in engagierter Weise Stellung nehmen. Sie tun das nicht in kontradiktorischer Polemik; sie greifen dabei auch heisse Eisen mutig auf, z. B. Buße und Beichte, Marienverehrung, feministische Theologie, New Age, Drewermann u.a. Ein schönes Zeichen für eine gesunde Einstellung zur Lehre der Kirche.

P. Alfons Kemmer

CHRISTIANA-VERLAG CH-8260 STEIN AM RHEIN